漢字

최근 출제문제 분석 수록
한국어문회 시행 검정대비 | 한자 300字

능력검정시험
종합테스트 6급

손주남 지음
책임 감수 **남기탁** 교수
(한국어문회 이사)

(6급 II)

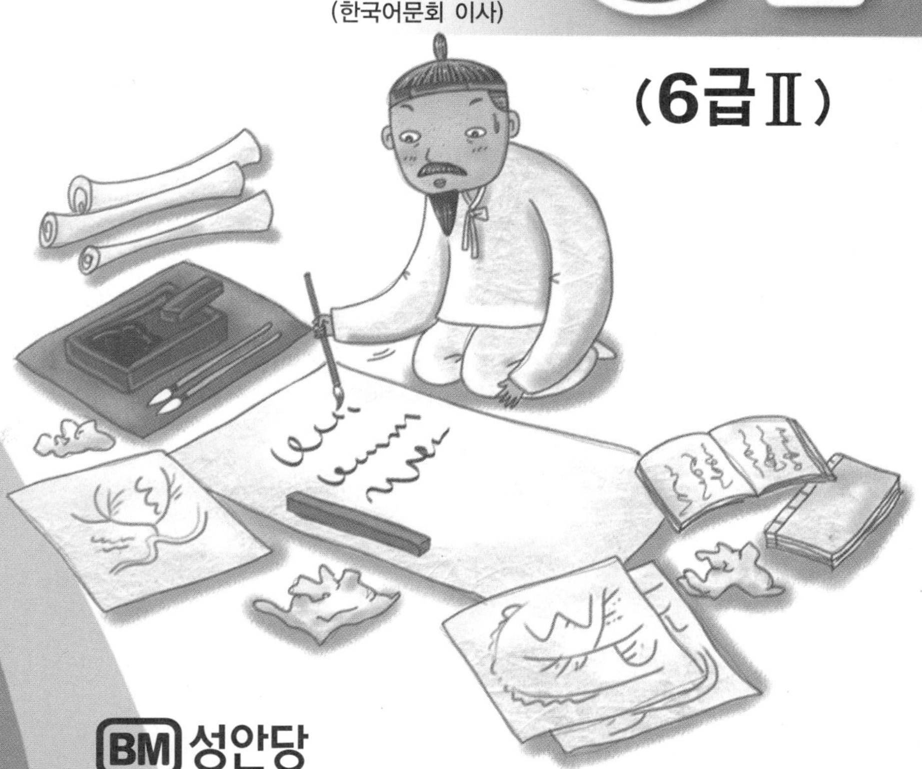

BM 성안당

　요즘 들어 학교, 학원 등 교육기관이나 개인적으로 한자 공부를 시작하는 사람들이 부쩍 늘고 있습니다. 이에 따라 한자능력 검정시험에 응시하는 사람들도 날로 늘어나고 있는 추세입니다. 이는 한자능력 검정시험을 대입수시모집의 특기자 전형 및 학점에 반영시키는 대학이 늘고 있으며, 초·중·고 생활기록부의 자격증란에 급수별 합격기록을 기재함으로써 국가 공인 자격을 일선 교육기관에서 받아 주고 있기 때문입니다.

　그리고 자격 취득이란 명목뿐 아니라 오랜 우리 전통문화의 계승과 한자 한글 병용으로 국어교육의 정상화를 시켜 주고 우리말의 70%에 해당되는 한자에 뿌리를 둔 어휘력을 높여 줄 수 있기 때문입니다.

　그러나 문제가 되는 것은 한자 불모지 시대에 살았던 사람과 지금 초·중·고교에서 공부하는 학생들의 견해가 한자는 어렵고 복잡한 글자로 혼동되기 쉽고 잘 잊어 버린다는 것입니다.

　이에 학생들이 재미있고 쉽게 시작하여, 즐겁게 공부하고, 자신 있게 끝내는 과정으로 5급에서 8급 과정을 세 권의 책으로 엮어 공부하는 학생들의 양적 부담을 덜어 줄 수 있도록 정리하였습니다.

　이 교육과정을 재미있게 구성해 주신 유진 편집팀과 코믹한 만화로 이해와 기억을 돕는 650개의 컷을 그린 이혜옥씨, 그리고 편집 교정에 애쓰신 성안당 한자 편집연구진께 깊은 감사를 드립니다.

　한 알의 밀알이 썩어 많은 열매를 맺듯 한자교육 발전에 본서가 밑거름이 되길 바라오며, 이 책으로 한자검정시험을 준비하는 모든 수험생들의 합격을 기원합니다.

지은이

차 • 례

各	각각 각	科	과목 과	堂	집 당	禮	예도 례	放	놓을 방
角	뿔 각	果	실과 과	待	기다릴 대	李	오얏 리 / 성 리	番	차례 번
感	느낄 감	光	빛 광	代	대신 대	利	이할 리	別	다를 별 / 나눌 별
强	강할 강	交	사귈 교	對	대할 대	理	다스릴 리	病	병 병
開	열 개	球	공 구 / 옥경 구	圖	그림 도	明	밝을 명	服	옷 복
京	서울 경	區	구분할 구 / 지경 구	度	법도 도 / 헤아릴 탁	目	눈 목	本	근본 본
計	셀 계	郡	고을 군	讀	읽을 독	聞	들을 문	部	떼 부
界	지경 계	近	가까울 근	童	아이 동	米	쌀 미	分	나눌 분
高	높을 고	根	뿌리 근	頭	머리 두	美	아름다울 미	社	모일 사
苦	쓸 고	今	이제 금	等	무리 등	朴	성 박	死	죽을 사
古	예 고	級	등급 급	樂	즐길 락 / 노래 악	班	나눌 반	使	하여금 사 / 부릴 사
功	공 공	急	급할 급	路	길 로	反	돌이킬 반	書	글 서
公	공평할 공	多	많을 다	綠	푸를 록	半	반 반	石	돌 석
共	한가지 공	短	짧을 단	例	법식 례 / 본보기 례	發	필 발	席	자리 석

線 줄 선	新 새 신	運 운전 운	才 재주 재	通 통할 통
雪 눈 설	失 잃을 실	園 동산 원	戰 싸울 전	特 특별할 특
省 살필 성 / 덜 성	愛 사랑 애	遠 멀 원	庭 뜰 정	表 겉 표
成 이룰 성	野 들 야	油 기름 유	定 정할 정	風 바람 풍
消 사라질 소	夜 밤 야	由 말미암을 유	題 제목 제	合 합할 합
速 빠를 속	藥 약 약	銀 은 은	第 차례 제	行 다닐 행 / 항렬 항
孫 손자 손	弱 약할 약	飮 마실 음	朝 아침 조	幸 다행 행
樹 나무 수	陽 볕 양	音 소리 음	族 겨레 족	向 향할 향
術 재주 술	洋 큰바다 양	意 뜻 의	晝 낮 주	現 나타날 현
習 익힐 습	言 말씀 언	衣 옷 의	注 부을 주	形 모양 형
勝 이길 승	業 업 업	醫 의원 의	集 모을 집	號 이름 호
始 비로소 시	永 길 영	者 놈 자	窓 창 창	畫 그림 화 / 그을 획
式 법 식	英 꽃부리 영	昨 어제 작	淸 맑을 청	和 화할 화
神 귀신 신	溫 따뜻할 온	作 지을 작	體 몸 체	黃 누를 황
身 몸 신	勇 날랠 용	章 글 장	親 친할 친	會 모일 회
信 믿을 신	用 쓸 용	在 있을 재	太 클 태	訓 가르칠 훈

6級

漢字能力檢定用

1편 부수 자원의 풀이

한자 부수의 실제 활용

memo

①

한 **일**

손가락 하나 또는 선(線) 하나를 가로 그어 수효의 '하나'를 가리킨 자.

三 **삼** 셋

손가락 셋을 펼쳐든 모양을 본뜬 글자로 "셋"을 나타낸다.

②

뚫을 **곤**

위에서 내리그어 '뚫음'을 가리킨 자.

中 **중** 가운데, 바를, 마음, 절반, 맞힐

물건(□)의 복판을 작대기(丨)로 꿰뚫은 모양.

③

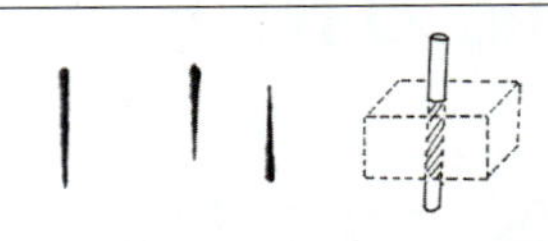

삐칠 **별** (삐침)

오른쪽에서 왼쪽으로 '삐치면서' 당기는 모양을 나타낸 자.

乃 **내** 이에, 너, 그, 옛, 어조사, 뱃노래

말할 때 목구멍으로부터 구부러져(ㅋ) 나오는 입김(丿).

④

새 **을**

'새'의 '굽은' 앞가슴, 또는 초목의 새싹이 '구부러져' 나오는 모양을 본뜬 자.

乞 **걸 기** 구걸할

'구걸하는' 사람(人)이 기운 없이 말하며 몸을 굽힘(乙)을 가리켜 된 자.

⑤

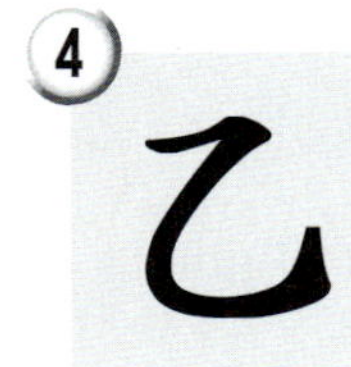

갈고리 **궐**

'갈고리'가 매달린 모양을 본뜬 자.

了 **료** 마칠, 깨달을, 끝날, 똑똑할, 어조사

아기가 양팔을 몸에 꽉 붙이고 모체로부터 나와 해산.

6 二 두 이

두 손가락 또는 두 선을 그어 '둘'·'거듭' 등을 가리킨 자.

云  **운** 이를, 말할, 이러저러할, 어조사

'구름'이 피어오르는 모양을 본뜬 자.

7 上 머리 부분 **두** (뜻 모을 두)

가로선(一) 위에 꼭지점(·)을 찍어 '머리 부분'이나 '위'를 나타낸 자.

亭 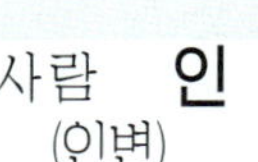 **정** 정자

길 가던 사람(丁)이 바람을 쐬며 쉴 수 있도록 높이(高) 지어 놓은 정자.

8 人 사람 **인** (인변)

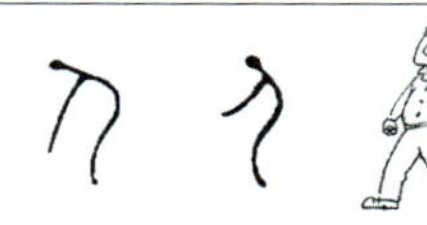

'사람'이 다리를 내 딛고 섰는 모양을 본뜬 자.

仙  **선** 신선

사람(亻)이 산(山)에서 도를 성취하여 장생불사가 된 '신선(神仙)'.

9 儿 걷는 사람 **인** (어진사람 인)

걸어가는 '사람'의 다리 모양을 본뜬 자.

元 **원** 으뜸, 두목, 클, 어질, 머리, 처음

사람(儿)의 윗 부분(二)에 있는 '머리'를 뜻하여 된 자.

10 八 여덟 **팔**

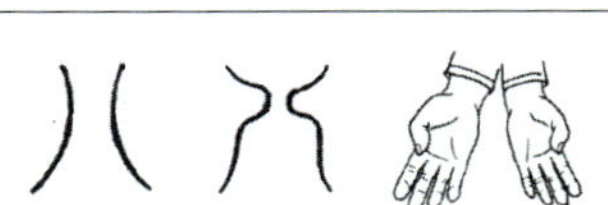

두 손의 손가락을 네 개씩 펴 서로 '등지게' 한 모양에서 '여덟'을 가리킨 자.

公  **공** 공정할, 한가지

사사로움(厶)과 등진다(八)는 데서 '공정(公正)하다'의 뜻이 된 자.

memo

11 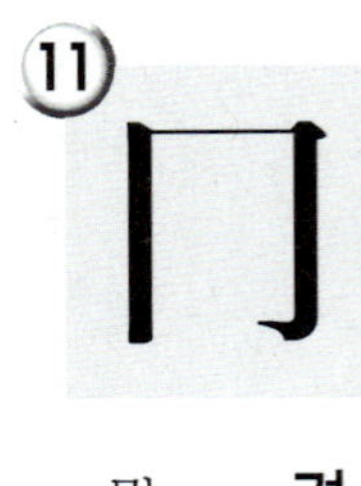

멀 **경**

'멀리' 둘러싸고 있는 나라의 '경계' 또는 '성곽' 을 나타낸 자.

周 주 두루
말할(口) 때 마음을 고루 쓴다(用)는 데서 '주밀하다'.

12 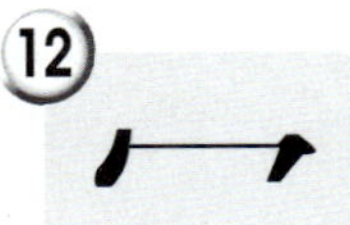

덮을 **멱**
(민갓머리)

보자기로 물건을 '덮은' 것 같음을 나타낸다.

冠 관 갓, 갓 쓸, 볏, 우두머리, 어른 될, 관
법도(寸)에 맞추어 사람 머리(元)에 쓰는(冖) '관'.

13 

얼음 **빙**
(이수변)

'얼음'의 결 또는 고드름 모양을 본뜬 자. 冰(얼음 빙)의 본자.

冬 동 겨울
사철 중에서 맨 뒤에 오는(夂) 절기로서 얼음이 어는(冫) '겨울'.

14 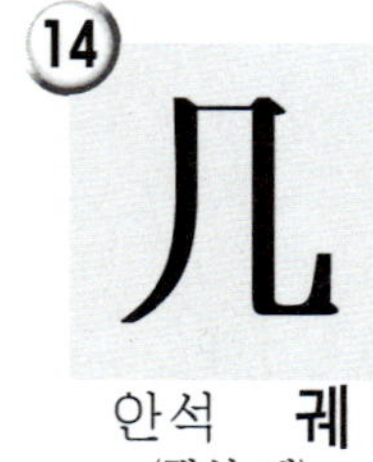

안석 **궤**
(책상 궤)

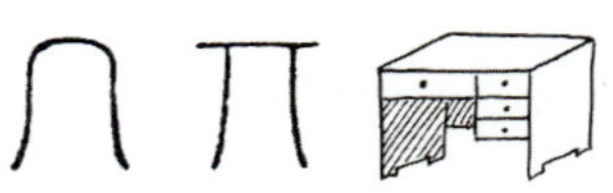
사람이 '기대 앉는 상' 모양을 본뜬 자. '책상' 따위의 뜻으로 널리 쓰인다.

凡 범 대강, 무릇, 범상(凡常)할, 다, 천할
(几)와 (丶)의 합침. (几)는 흩어진 물건을 뭉치는 틀.

15 

칼 **도**
(선칼 도)

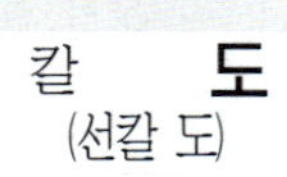
'칼'의 모양을 본뜬 자. 그 쓰임에서 '자르다'·'베다'의 뜻으로도 쓰인다.

分 분 나눌, 분별할, 분수, 몫, 찢을, 푼 푼
칼(刀)로 물건을 '나눈다(八)' 는 뜻으로 된 자.

memo

16

力
힘 력

힘쓸 때 팔이나 어깻죽지에 생기는 '힘살'의 모양을 본뜬 자.

努 노 힘쓸, 힘들일

노예(奴)처럼 '힘들여(力)' 일한다는 뜻으로 된 자.

17

勹
쌀 포

사람이 몸을 구부려 두 팔로 무엇을 에워싸 품고 있는 모양을 본떠 '싸다'의 뜻이 된 자.

抱 포 안을, 품을, 아름, 낄, 가슴.

두 팔(扌)로 에워싼다(包)는 데서 '안다'·'품다'.

18

匕
비수 비

밥을 뜨는 '숟가락'이나, 고기를 베는 '비수'의 모양을 본뜬 자.

老 로 늙을, 쭈그러질

허리 굽은(匕) 백발의 '늙은이(耂=毛 +人)'가 지팡이를 짚고 있는 모양.

19

匸
상자 방
(터진입구변)

통나무를 파서 만든 '홈통' 또는 '모진 상자' 모양을 본뜬 자.

匠 장 장인, 목수, 직공, 만들, 궁리할

도끼(斤) 등의 공구를 상자(匸)에 담아 가진 '장인'.

20

十
열 십

다섯 손가락씩 있는 두 손을 엇걸어 '열'을 나타낸 자.

協 협 화할, 도울, 맞을, 복종할, 힘 합할

여러(十) 사람이 힘을 합한다(劦)하여 '화하다'.

(21) 卜 점 복

점치기 위해 거북의 등 껍데기를 태울 때 나타나는 금 모양을 본떠 '점'의 뜻이 된 자.

占 **점** 점칠, 점령할

땅(口)을 차지하기 위하여 표지판이나 깃대(卜)를 꽂는다는 데서 '점'.

(22) 卩 병부 절 (마디 절)

구부러진 '무릎 마디'의 모양을 본뜬 자로, 節(마디 절)의 옛자.

却 **각** 물러날, 도리어

무릎(卩)을 구부리고 뒷걸음쳐 간다. (去)

(23) 厂 굴바위 엄 (민음호)

산기슭에 바위가 옆으로 비어져 나온 모양을 본떠, '굴바위' 또는 '언덕'의 뜻이 된 자.

原 **원** 근본, 들, 벌판

바위(厂) 밑에서 솟아나는 샘(泉)이 물줄기의 '근본'이 됨을 뜻한 자.

(24) 厶 사사 사 (마늘 모)

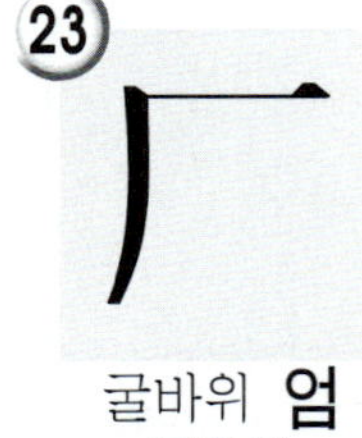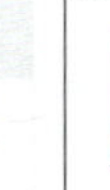

팔꿈치를 구부려 물건을 자기 쪽으로 감쌈을 나타내어 '나' 또는 '사사롭다'의 뜻이 된 자.

去 **거** 갈, 버릴, 덜, 감출, 덮을, 내쫓을

사람(土)이 밥그릇(厶)을 버리고 '간다'는 뜻으로 된 자.

(25) 又 또 우

'오른손' 모양을 본뜬 자. 오른손은 자주 쓰인다 하여 '또' · '다시'의 뜻으로 쓰인다.

叉 **차** 깍지낄, 가장자리, 가닥진 비녀, 귀신

손가락(又←手)이 엇걸림(丶)을 가리켜 '깍지끼다'의 뜻.

26

口
입 **구**

사람의 '입' 모양을 본뜬 자. 그 기능에서 '먹다'·'말하다'의 뜻으로 쓰인다.

句 **구** 글귀, 거리낄

말할 때 입김(口)이 얽힌(勹)듯이 '구부러짐'을 가리켜 된 자.

27

囗
에울 **위**
(엔담 위)

성벽 등으로 사방을 '에워싼' 모양을 나타낸 자. 圍(에울 위)의 본자.

國 **국** 나라, 고향 (약)国

변방에서(口) 무기(戈)를 들고 국민(口)과 국토(一)를 지킴.

28

土
흙 **토**

싹(十←屮)이 돋아나는 땅(一)을 나타내어 '흙'의 뜻이 된 자.

 圭 **규** 홀, 영토, 저울눈. (통)珪

넓은 영토(土·土)를 내릴 때 함께 준 '홀'을 뜻하여 된 자.

29

士
선비 **사**

하나(一)를 들으면 열(十)을 아는 사람이란 데서 '선비'의 뜻이 된 자.

 吉 **길** 길할, 즐거울

사(土)의 말(口)은 참되고 좋다는 데서 '길하다', '착하다'의 뜻이 된 자.

30

夂
뒤져올 **치**

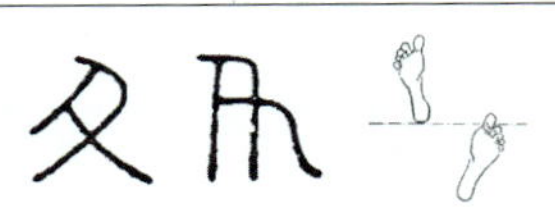

발을 가리키는 止를 거꾸로 한 글자로, 머뭇거려서(止) '뒤져 옴'을 가리킨 자.

 夆 **봉** 만날, 끌어당길

풀이 무성하여(丰) 걷는 발(夂)처럼 엇갈린 모양에서 '만나다'.

(31)

夕
저녁 **석**

저무는 하늘에 희게 뜬 반달 모양을 본 떠 '저녁'을 가리킨 자.

外
(외) 바깥, 다를, 멀리할, 잃을

저녁(夕)에 점(卜)을 치는 것은 관례에 벗어난다하여 '밖'을 뜻하게 된 자.

(32)

大
큰 **대**

어른이 양팔을 벌리고 섰는 모습이 '큼'을 가리킨 자.

太
(태) 클, 심할, 콩 (통)泰

大에 'ㆍ'을 더하여 참으로 '큼'을 가리킨 자.

(33)

女
계집 **녀**

'여자'가 두 손을 모으고 모로 꿇어앉은 모습을 본뜬 자.

妊
(임) 아이 밸. (동)姙 (통)壬

원래, 壬자가 '아이 밴 모양을 가리킨 자.

(34)

子
아들 **자**

양팔을 벌린 '어린아이'의 모양을 본뜬 자.

孝
(효) 효도 입을

늙은(耂) 부모를 아들(子)이 업고 있는 모양.

(35)

宀
집 **면**
(갓머리)

'움집'의 위를 '덮어씌운' 모양을 본뜬 자.

宅
(택) 〔댁 : 관용〕 집, 살, 자리, 정할, 묘

사람이 의지하고(乇) 사는 '집(宀)'을 뜻한 자.

36 寸
마디 촌

손목(彐)에서 맥박(ヽ)이 뛰는 데까지의 사이를 나타내어 '한 치'의 길이를 가리킨 자.

尊 **존** 높을

술잔(酋)을 손(寸)에 정중히 들고 제상 또는 웃사람에게 바치는 모양.

---

37 小
작을 소

점(ヽ) 셋으로 물건의 '작은' 모양을 나타낸 자.

尖 **첨** 뾰족할, 날카로울, 작을, 끝

아래는 크고(大) 위끝은 작다(小)는 데서 '뾰족하다'.

---

38 尢
절름발이 왕

한 쪽 정강이가 굽은 사람(大→尢)의 모양을 본떠 '절름발이'를 뜻한 자.

尤 **우** 더욱, 허물

손(ナ←友)에 쥐었던 물건을 떨어뜨려(乚←失) '허물'되었다는 뜻.

---

39 尸
주검 시

사람이 고꾸라져 누운 모양을 본떠 '주검'을 뜻한 자.

屠 **도** 죽일, 잡을, 백정, 가를.
　　저 흉노

사람(者)을 '죽인다(尸)'는 뜻으로 된 자.

---

40 屮
싹날 철

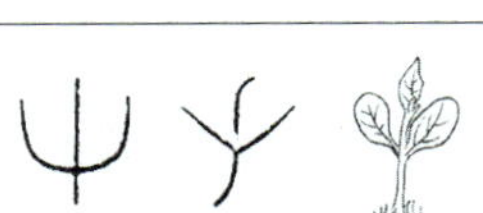

초록의 떡잎이 '싹터 나온' 모양을 본뜬 자.

屯 **둔** 모일
　　준 어려울

싹(屮)이 힘들게 땅(一)을 뚫고 나오는 모양에서 '어렵다'의 뜻.

memo

41

山
메 **산**

우뚝우뚝 솟은 '산봉우리'의 모양을 본뜬 자.

巖
- **암** 바위, 험할, 산굴
- **엄** 높을 (동)암

산(山)에 굳센(嚴) 모습으로 버티고 있는 '바위'.

42

巛
내 **천**
(개미허리셋)

물이 흐르는 모양을 본떠 '내'를 뜻한 자.

巡
- **순** 순행할, 물러날.

물(巛)이 돌아서 흘러가듯이 '두루돌아다님(辶)'.

43

工
장인 **공**

목공일 할 때 쓰는 자, 또는 공구의 모양을 본 떠 '만들다'의 뜻이 된 자.

巧
- **교** 교묘할, 재주, 예쁠

재치 있게(丂) 만들었다(工) 하여 '교묘(巧妙)하다'의 뜻이 된 자.

44

己
몸 **기**

사람의 척추마디 모양을 나타내어 '몸' 또는 '자기(自己)'를 뜻한 자.

配
- **배** 짝, 도울

사람(己)에게 술(酉)을 따라 준다는 데서 '노느다'·'짝'.

45

巾
수건 **건**

'수건'을 몸에 걸친 모양을 본뜬 자.

布
- **포** 베, 베풀

손(ナ = 왼손 좌)으로 천(巾)을 '편다'는 뜻에서 오늘날의 자형이 됨.

46

干
방패 **간**

	'방패'의 모양을 본뜬 자. 방패를 창이나 화살이 뚫음을 가리켜 '범하다'의 뜻으로도 쓴다.
刊 간 깎을, 새길	방패(干)처럼 편편한 널빤지에 글자를 새겨(刂) '책을 박아낸다'는 뜻.

47

幺
작을 **요**

	아기가 갓 태어날 때의 모양을 본떠 '작다'·'어리다'의 뜻을 나타낸 자.
幼 유 어릴, 어린이	힘(力)이 약한(幺) '어린이'를 뜻하여 된 자.

48

广
집 **엄**
(음호)

	언덕이나 바위를 지붕삼아 지은 '바위집' 또는 '돌집'의 모양을 본뜬 자.
庭 정 뜰, 집안, 곧을, 곳, 조정 (통)廷	원래는 벽이 없이 지붕(广)만 덮인 조정(廷)의 작은 '뜰'.

49

廴
길게걸을 **인**
(민책받침)

	발을 '길게 끌며(乀) 멀리 걸어감(彡)'을 가리킨 자.
廷 정 조정, 법정, 바를, 공평할	뜰을 걸어 나아가(廴) 곧게(壬←庭) 늘어서서 정사를 논의하던 '조정'.

50

廾
들 **공**
(밑스물십)

	두 손으로 마주 잡아 받들어 올리는 모양을 본떠 '손 맞잡다'·'팔짱끼다'의 뜻을 나타낸 자.
弄 롱 희롱할, 놀, 즐길	구슬(王)을 두 손에 받쳐 들고 (廾) 노는 모양에서 '희롱(戲弄)하다'.

memo

51 弓
활 궁

'활'의 모양을 본뜬 자.

弘 ^홍 크게 할, 클, 넓을,
^횡 활 소리

팔을 굽혀(厶) 활(弓) 시위를 당김이 '크다'는 뜻.

---

52 彡
터럭 삼
(삐친석삼)

'머리털'이 보기 좋게 자란 모양을 본뜬 자.

影 ^영 그림자, 빛, 모습, 초상, 형상. (통) 景

햇살(景)에 의해 아롱진(彡) '그림자'.

---

53 彳
자축거릴 척
(중인변)

허벅다리(丿), 정강이(乀), 발(丨)을 나타내어 '자축거리다'의 뜻이 된 자.

彷 ^방 방황할, 배회할

여러 방향(方)으로 이리저리 돌아다닌다(彳)는 데서 '방황하다'.

---

54 心
마음 심
(심방변)

'마음'의 바탕이 되는 것으로 생각했던 '심장'의 모양을 본뜬 자.

必 ^필 반드시, 살필

마음(心)에 말뚝(丿)을 치듯이 결심하고 '꼭' 한다는 뜻으로 된 자.

---

55 戈
창 과

날 부분이 갈라진 '창'의 모양을 본뜬 자.

戒 ^계 경계할, 고할

두 손(卄)으로 무기(戈)를 든 모양에서 적을 '경계(警戒)한다'.

56 户 지게문 호 (문호)

외짝문인 '지게문'의 모양을 본뜬 자.

房 **방** 방, 곁방, 거처, 제기, 전동, 송이

집(戶)의 한쪽(方)에 있는 '방'을 뜻하여 된 자.

57 手 손 수 (재방변)

'손'의 모양을 본 뜬 자.

拏 **나** 잡을, 맞당길, 연좌될. (동) 拿·拏

죄지은 자(奴)를 '붙잡는다(手)'는 뜻으로 된 자.

58 攴 칠 복 (등글월문)

손(又)에 회초리(卜=상형)를 들고 '똑똑 두드리다' 또는 '치다'의 뜻으로 된 자.

教 **교** 가르칠, 종교

교(敎)의 본자는 아이(子)에게 좋은 일을 본받게(爻=본받을 효) '인도한다'는 뜻.

59 斗 말 두

용량을 헤아리는 '말'의 모양을 본뜬 자.

料 **료** 헤아릴, 말질할

쌀(米)을 '말질한다(斗)'는 뜻으로 된 자인데, 널리 '헤아린다'.

60 斤 도끼 근 (무게근)

'도끼' 모양을 본뜬 자.

斥 **척** 내칠, 쫓을, 넓힐, 엿볼, 망군, 가리킬

도끼(斤)로 찍어서(丶) '내친다'는 뜻으로 된 자.

memo

(61) 方 모 **방**

두 척의 배를 붙인 모양이 '모남'을 나타낸 자. 쟁기의 보습이 나아가는 '방향'을 가리킨 자.

旁 **방** 곁

말할 때 입김(干)이 사방(方)으로 퍼짐을 나타내어 '넓다'.

(62) 日 날 **일**

'해(날)'의 모양을 본뜬 자.

旦 **단** 아침, 새벽

해(日)가 지평선(一)을 벗어나 떠오른다 하여 '밝다' 또는 '아침'.

(63) 曰 가로 **왈**

입(口)에서 입김(一)이 나가면서 '말이 됨'을 가리킨 자.

最 **최** 가장, 극진할, 잘할, 우뚝할, 넉넉할

위험을 무릅쓰고(曰) 적의 귀를 잘라(取)오는 큰 모험.

(64) 月 달 **월**

초승 '달'의 모양을 본뜬 자.

朔 **삭** 초하루, 북방

그믐달이 거꾸로 (屰←逆)선 모양으로 불어나는 '초승달(月)'.

(65) 木 나무 **목**

땅에 뿌리를 내리고(八) 가지를 뻗으며 자라나는(十←屮=싹날 철) '나무' 모양을 본뜬 자.

枝 **지** 가지, 흩어질, 버틸, 손마디 (통) 支

나무(木) 줄기에서 갈려나간(支) '가지'.

66 欠
하품 **흠**

입을 벌리고 '하품하는' 모양을 본뜬 자.

次 **차** 버금, 행차

하품하는(欠) 사람은 피곤하여 정진하지 못하므로 다음(二) '차례(次例)'.

67 止
그칠 **지**

사람이 멈추어 선 발목 아래의 모양을 본떠 '머무르다'·'그치다'의 뜻을 나타낸 자.

武 **무** 호반, 날랜, 군사

창(戈)을 들고 난리를 방지할(止) 목적으로 이루어진 '호반'.

68 歹
뼈앙상할 **알**
(죽을사)

'살을 발라 낸 뼈'의 모양을 본뜬 자. 그 잔약한 모양에서 '몹쓰다'의 뜻으로도 쓰인다.

死 **사** 죽을, 죽음, 끊일, 마칠, 다할, 위태할

사람이 죽어(匕) 뼈(歹)만 남았다 하여 '죽음'의 뜻이 된 자.

69 殳
칠 **수**

몽둥이(几)를 손(又)에 들고 '친다'는 뜻. 몽둥이라는 데서 '날 없는 창'을 뜻하기도 한다.

殺 **살** 죽일, 없앨

(柔)자만으로도 나무(木)를 찍고(丶) 베어(乂= 풀 벨 예) '죽인다'.

70 气
기운 **기**

수증기 모양을 본떠 '구름 기운'을 뜻한 자.

氣 **기** 기후, 기운, 숨, 생기, 공기 (약)気

밥(米)을 지을 때 나는 '증기(气)'를 뜻하여 된 자.

71

水
물 **수**
(삼수변)

물의 흐름을 본뜬 자.

冰 빙 얼음, 얼, 식힐, 전동 뚜껑, (본)泳

물(水)이 얼어붙었다.(冫)하여 '얼음' 의 뜻이 된 자.

72

火
불 **화**

타오르는 '불꽃'의 모양을 본뜬 자.

災 재 재앙(災殃)

巛(川=내 천의 본자)와 火의 합침. 수재(巛) · 화재(火)등 '재앙(災殃)'.

73

爪
손톱 **조**

물건을 '긁어당기는' · '손톱' 모양을 본뜬 자.

爭 쟁 다툴, 싸울, 분별할
정 간할. (약)争

서로 손(爪)과 손(ヨ)으로 끌어(亅)당 기며 '다툰다'.

74

爿
조각널 **장**
(장수장변)

통나무를 두 쪽으로 쪼갠 것 중 왼쪽 것의 모양을 본떠 '조각널'을 뜻한 자.

將 장 거느릴, 장수

널판(爿)에 고기(월←肉)를 벌여 놓고 법도(寸)에 의해 제사를 지내는 장수.

75

片
조각 **편**

통나무를 쪼갠 것 중 오른쪽 것의 모양을 본떠 '조 각' 또는 '쪼개다'의 뜻이 된 자.

版 판 조각, 쪽, 판자, 호적, 인쇄 할. (통)板

뒤졌다(反)엎었다 하며 켜낸 널조각 (片), '판자'

76

牛
소 우

'소'의 양 뿔과 머리·어깨·꼬리 등의 모양을 본뜬 자.

牧 (목) 기를, 다스릴

소(牛)를 먹이 있는 곳으로 회초리(攵)로 몰고 간다는 데서 동물을 '기르다'.

77

犬
개 견
(개사슴록변)

앞발을 들고 짖어대는 '개'의 모양을 본뜬 자.

狀 (장) 모양, 문서, 편지, 베풀, 상 (國)(약) 状

널빤지(爿)로 된 대문 옆에 개(犬)가 서 있는 '모양'.

78

玄
검을 현

작은(幺)것이 공기에 가려져(亠) 그 빛이 '검게' 보이거나 '아득함'을 나타내어 된 자.

玆 (자) 이, 이에 / (현) 검을. (통) 玄

玄에 玄을 합쳐, 빛깔이 '검고(玄·玄)"흐리다' 는 뜻으로 된 자.

79

玉
구슬 옥

구슬 세(三) 개를 꿴(丨)모양을 본뜬 자. 후에 王과의 혼동을 피하기 위해 'ヽ'을 덧붙임.

珠 (주) 구슬, 눈동자

빛깔이 붉은(朱) 구슬(玉)을 뜻하여 된 자.

80

甘
달 감

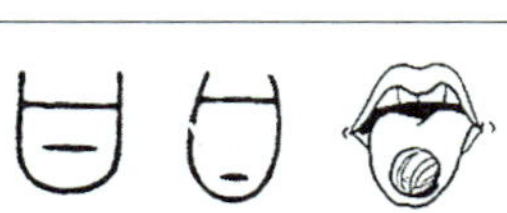

입 안(ㅂ→口)의 혀끝(一)으로 '단맛'을 가려냄을 가리킨 자.

甚 (심) 심할, 더욱

한 쌍(匹–짝 필)의 남녀가 달콤한 (甘) 사랑을 속삭이니 '심하다'.

81

田

밭 **전**

밭과 밭 사이에 사방으로 난 둑의 모양을 본떠 '밭'을 뜻하게 된 자.

畓 답 논(國字)

水(물 수)와 田의 합침. 물(水)이 있는 밭(田), 곧 '논'.

82

疋

발 **소**

발목에서 발끝까지의 모양을 본떠 '발'을 나타낸 자.

疑 의 의심할, 그럴 듯할 응 정할

어린애(ᄀ)가 뜻을 정하지 (疋) 못해 망설인다.

83

疒

병들 **녁**
(병질안)

사람이 병상에서 팔을 늘어뜨리고 기댄 모양을 보여 '병듦'을 가리킨 자.

病 병 병들, 근심할

불을 밝혀(丙) 밤새워 간호해야 할 정도로 앓는 '병(疒)'을 뜻한 자.

84

癶

걸을 **발**
(필발머리)

두 발(ㅋ·ㅅ)을 벌리고 걸어가려는 모양에서 '걷다'·'가다'의 뜻이 된 자.

登 등 오를, 나갈, 높을, 탈, 이룰, 익을

발판(豆)을 밟고(癶) 높은 데에 '오른다'.

85

白

흰 **백**

해(日)의 빛(ʼ)이 '흼'을 가리킨 자.

的 적 밝을, 과녁, 어조사, 표준, 의, 것

흰(白) 동그라미(ʼ)를 가리켜(一) '과녁'.

86 皿 그릇 명

위가 넓고 반침이 있는 쟁반 모양을 본떠 '그릇'을 뜻한 자.

盤 반 소반, 큰돌

음식을 담아 옮기는(般) 넓적한 그릇(皿), 즉 '소반(小盤)'.

87 目 눈 목

사람의 눈 모양을 본떠 '눈' 보다의 뜻이 된 자.

盲 맹 소경, 어두울

눈동자(目)가 없다(亡)는 데서 '소경'의 뜻.

88 矛 창 모

뾰족한 쇠를 긴 자루 끝에 박은 '세모진 창'의 모양을 본뜬 자.

矜 긍 자랑, 불쌍할

창(矛)을 방금(今) 잡은 자가 잘난 체 한다는 데서 '자랑'.

89 矢 화살 시

'화살'의 모양을 본뜬 자.

短 단 짧을

콩단이(豆) 화살같이(矢) 짧다.

90 石 돌 석

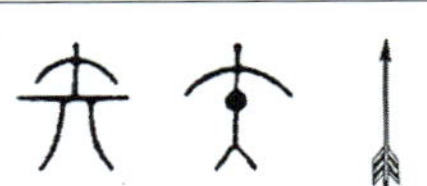

언덕(厂) 아래에 굴러 떨어진 '돌덩이(口)' 모양을 본뜬 자.

砲 포 대포

돌(石)을 여러 개 싸서(包) 쏘아 한꺼번에 나가게 했던 '돌 쇠뇌'.

91

示
보일 **시**

제물을 차려 놓는 '제단' 모양을 본떠 그 제물을 신에게 '보임'을 나타낸 자.

祭 **제** 제사, 기고, 제사지낼.

고기(夕)를 집어(又) 제단(示)에 놓고 지내는 '제사祭祀'.

92

内
짐승발자국 **유**

구부려져(冂) 둥그렇게(厶) 난 '짐승의 발자국' 모양을 본뜬 자.

禽 **금** 짐승, 날짐승, 사로잡을, 포로. (통)擒

'날 짐승(离=짐승 리)'을 그물로 씌운(人) 모양에서 '사로잡다'.

93

禾
벼 **화**

볏대(木)에서 이삭이 패어 드리워진(丿) 모양을 본떠 '벼'의 뜻을 나타낸 자.

秋 **추** 가을, 말 뛰놀

햇볕(火)을 받아 익은 곡식(禾)을 거둬들이는 계절.

94

穴
구멍 **혈**

집(宀)으로 삼을 수 있도록 파헤쳐진(八) 굴 '구멍'을 뜻한 자

空 **공** 빌, 없을, 구멍, 궁할

땅을 파낸(工) 굴(穴)처럼 속이 '비다'·'없다'의 뜻으로 된 자.

95

立
설 **립**

땅(一)에 바로 '선'사람(立) 모양을 본뜬 자.

竣 **준** 일 마칠, 물러설, 그칠

立과 夋(갈 준 음부)의 합침. 걸어가다가(夋←俊) 섰다(立)는 데서 '그치다'.

96

竹
대 죽

'대'와 그 이파리 모양을 본뜬 자.

筆 **필** 붓, 쓸, 글씨, 글

竹과 聿(붓 율 음부)의 합침. 붓을 대(竹)로 만든데서 된 자.

97

米
쌀 미

겉껍질이 까져(十) 나온 '쌀알들(ㄨ)' 모양을 가리킨 자.

粉 **분** 가루, 분, 분바를, 회, 빻을

쌀(米)이 잘게 나뉘어져(分) 부숴진 가루.

98

糸
실 사

'가는 실'을 감는 실타래 모양을 본뜬 자.

綿 **면** 솜, 고치솜, 동일, 잇닿을 (통)棉

가는 명주실(帛)은 섬유(糸)가 끊이지 않고 '잇닿았다'.

99

缶
장군 부
(질그릇부)

배가 불룩하고 아가리가 좁은 '질그릇(장군)' 모양을 본뜬 자.

寶 **보** 보배, 귀할

집(宀) 안의 큰 그릇(缶)에 담긴 구슬(玉)과 재물(貝)을 가리켜 '보배'.

100

羊
양 양

'양'의 두 뿔과 네 발 및 꼬리 등의 모양을 본뜬 자.

善 **선** 착할, 옳게 여길

양(羊)과 같이 온순하고 어진 사람은 두말할(誩) 것 없이 '착하다'.

(101) 羽 — 깃 우

| 새의 긴 '깃' 또는 '날개' 모양을 본뜬 자. |

習 습 — 익힐, 버릇, 거듭, 풍습, 습관

어린 새가 여러 번(白) 날기를(羽) 거듭 '익힌다'.

(102) 老 — 늙을 로

허리 굽은(匕) '늙은이(耂=毛+人)'가 지팡이를 짚고 있는 모양을 나타낸 자.

考 고 — 상고할, 노인, 헤아릴, 칠, 죽은 아비

성장이 막히고(丂←亏) 허리가 굽은 '노인(耂)'을 뜻하여 된 자.

(103) 而 — 말이을 이

'윗수염'을 본뜬 자. 수염 사이로 말이 나온다 하여 문장을 '이을' 때의 어조사로 쓰인다.

耐 내 — 참을, 구레나룻 깎을

죄를 짓고 법도(寸)에 의해 수염(而)을 깎이는 것을 '참는다'.

(104) 耒 — 따비 뢰 (쟁기뢰)

잡초(未=풀날개)를 캐고 밭을 일구는 나무(木)로 된 연장의 하나인 '따비'를 뜻한 자.

耕 경 — 밭갈, 겨리질할

쟁기(耒)로 밭이랑(井)을 지으며 '밭을 갈다'.

(105) 耳 — 귀 이

'귀'의 모양을 본뜬 자.

取 취/추 — 가질, 빼앗을

전쟁에서 적을 죽인 표시로 그 귀(耳)를 손(又)에 가지고 온 데서 뜻이 된 자.

106

聿
붓　율

'붓'을 잡고 손을 놀려(聿=붓 율) 글자획(一)을 그음을 가리킨 자.

律　률　법률, 절제할

사람이 지켜가야(行)할 바를 붓(聿)으로 쓴 '법률(法律)'.

107

肉
고기　육
(육달월)

근육 및 그 단면의 모양을 본떠 '살' 또는 '몸'의 일부를 뜻한 자.

腐　부　썩을, 두부

곳간(府)에 오래 놓아 둔 고기(肉)가 '썩는다'는 뜻으로 된 자.

108

臣
신하　신

 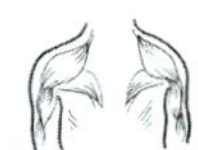

임금 앞에서 몸을 꿇고 엎드린 '신하'의 모양을 본뜬 자.

臥　와　누울, 눕힐, 쉴, 엎딜, 침실
(속)卧

신하(臣)가 임금(人) 앞에 '엎드린다'는 뜻으로 된 자.

109

至
이를　지

(土)는 땅(조)을 나는 새 또는 화살. 새 또는 화살이 날아와 땅에 '이름'을 나타낸 자.

臺　대　누각, 관청, 돈대

높이(高−高) 쌓아 높고 머무르는(至·室) 곳인 '돈대'나 '누각'.

110

臼
절구　구

확(臼)에 쌀(一)이 든 모양을 본뜬 자.

毁　훼　헐, 무너질

진흙(土)이나 돌로 만든 절구통(臼)에 쌀을 찧을(殳) 때 절구통이 이지러진다.

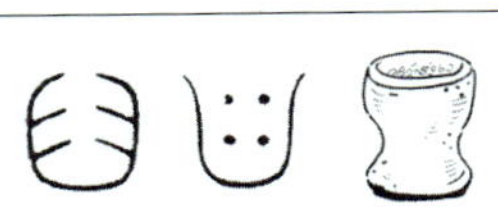

111

舌
혀 **설**

입(口) 안에서 방패(干) 같은 구실을 하는 '혀'를 나타낸 자.

話 화 말씀, 이야기, 착한 말

혀(舌)로 말(言)함을 가리켜 '말씀' 또는 '이야기'의 뜻.

112

舛
어그러질 **천**

오른발(夕←牛)과 왼발(牛)이 각각 다른 방향으로 '어겨져' 있음을 나타낸 자.

舜 순 무궁화

꽃(严←瞬)이 피고 지고 하기를 끊임없이 번갈아(舛)하는 '무궁화꽃'.

113

舟
배 **주**

통나무를 파서 만든 '쪽배'의 모양을 본뜬 자.

般 반 일반, 옮길, 돌, 돌아올, 펼, 셈 (통)搬

배(舟)에 물건을 싣고 노(殳)저어 '옮아간다'.

114

艸
풀 **초**
(초두)

초목의 싹들(屮·屮)이 돋아 나오는 모양에서 '풀싹'의 뜻이 된 자.

菜 채 나물, 반찬, 캘

먹을 수 있는 풀(艸)을 캠(采·採)을 가리켜 '나물'.

115

虍
범의문제 **호**
(범호)

얼룩덜룩한 줄무늬가 진 호랑이 가죽의 모양을 본떠 그 '문제'를 나타낸 자.

虐 학 사나울, 학대할

범(虍)이 발톱(七)으로 할퀴며 덤빈다는 데서 '사납다'.

116

虫
벌레 충

뱀이 사리고 있는 모양을 본뜬 자로, 널리 '벌레' 의 뜻으로 쓰인다.

蜜 밀 꿀
벌(虫)이 빽빽하게 (宓←密) 지은 집에 저장해 두는 '꿀'.

117

衣
옷 의

사람들(衣←人人)이 몸을 감싸 덮는(亠) '옷'을 뜻한 자.

裝 장 행장(行裝), 쌀, 꾸밀, 동일
옷(衣)을 성하게(壯) 차린다는 데서 '꾸미다'.

118

襾
덮을 아

위에서 덮고(冂) 아래에서 받친(凵) 데에다 다시 뚜껑(一)으로 '덮는다'는 뜻으로 된 자.

栗 률 밤나무, 엄할, 여물
가시 돋고 벌어진 송이가 매달린(襾) '밤나무(木)'.

119

見
볼 견

사람(儿)이 눈(目)으로 '본다'는 뜻으로 된 자.

視 시 볼, 본받을
示는 남에게 보임. 見은 자기가 봄. 보이고(示) 또 본다(見)는 데서 '살피다'.

120

角
뿔 각

짐승의 '뿔' 모양을 본뜬 자.

解 해 풀, 해부할
      개 해질
소(牛)의 두 뿔(角) 사이를 칼(刀)로 쳐 '풀다'.

memo

(121)

言
말씀 언

스스로 생각한 바를 곧바로 찔러서(言←辛-찌를 건) '말한다(口)'는 뜻으로 된 자.

訓 〔훈〕 가르칠, 경계할, 새길

냇물(川)이 위에서 아래로 흐르듯이 이치를 좇아 타이른다(言) '가르치다'.

(122)

豆
콩 두

'제기' 모양을 본뜬 자로, 콩꼬투리같이 생긴 그 모양에서 '콩'의 뜻으로 널리 쓰인다.

豊 〔풍〕 풍성할, 풍년들, 예도 禮의 옛자

'풍성(豊盛)히' 담긴(曲) 그릇(豆) 모양을 본뜬 자.

(123)

豕
돼지 시
(돼지 시)

'돼지'의 머리 및 등(一)·네 발(豕)·꼬리(乀)의 모양을 본뜬 자.

豚 〔돈〕 돼지, 새끼돼지

살(月)이 통통히 찐 '새끼돼지(豕)'를 뜻하여 된 자.

(124)

豸
해태 치
(갖은돼지시)

'맹수'가 발을 모으고 등을 높이 세워 덤벼드는 모양을 본뜬 자.

豹 〔표〕 표범

눈이 작고(勺) 동글동글한 무늬가 있는 맹수(豸)의 하나인 '표범'을 뜻한 자.

(125)

貝
조개 패
(조개패)

'조개' 모양을 본뜬 자. 조가비를 화폐로 사용했던 데서 '돈'이나 '재물'의 뜻으로 쓰인다.

買 〔매〕 살, 구해 가질

돈(貝)을 주고 바꾼 물건을 망태기(罒)에 담는다.

memo

126

走
달아날 주

팔을 휘저으며(大) 발(止←止)을 재게 내딛으며 '달아남'을 나타낸 자.

超 초 | 뛰어넘을, 뛰어날, 높을, 넘을

윗사람이 불러서(召) '뛰어간다(走)'는 뜻.

127

足
발 족

허벅다리 또는 슬개골(口)에서 발가락(止←止) 끝까지의 모양을 본떠 '발'을 뜻한 자.

跡 적 | 발자취, 행적, 사적 (동)迹 (통)蹟

발(足)을 거듭(亦) 옮겨서 난 흔적, 즉 '발자취'.

128

車
수레 거

'수레'를 옆에서 본(원형은 車) 모양을 본뜬 자로, 그 '바퀴'의 뜻으로도 쓰인다.

軌 궤 | 수레바퀴, 굴대, 법, 좇을, 바퀴 자국

수레바퀴(車)의 여러 살을 에워싼 구부정한(九) '바퀴둘레'.

129

辛
매울 신

죄(辛=죄 건)를 범한(一) 자 이마에 바늘로 찔러 표했던 데서 '혹독하다'·'맵다'의 뜻이 된 자.

辯 변 | 말 잘 할, 풍유할 (약)弁

다투는(幸幸) 두 사람의 말을 듣고 옳고 그름을 가려 설명한다(言).

130

辶
쉬엄쉬엄갈 착
(책받침)

조금 걷다가(彳←彳) 멈추곤(辵←止)하며 간다 하여 '쉬엄쉬엄 가다'의 뜻이 된 자.

速 속 | 빠를, 초래할

束(묶을 속 음부)에 辶의 받침. 약속(束) 시간에 맞추려고 급히 간다(辶).

(131)

邑
고을 **읍**
(우부방)

일정한 경계(口) 안에 사람(巴←卩=마디 절)들이 모여 사는 '고을' 또는 '읍'을 뜻한 자.

鄕 향 시골, 고향, 곳, 대접할 (통)饗

어릴 때(幺-작을 요) 따뜻한 밥(皀-고소할 흡)을 먹던 고을(阝-邑)의 시골.

(132)

酉
술 **유**
(닭 유)

'술' 병 모양을 본뜬 자. 酒(술 주)의 옛자. 12지에서는 '닭'의 뜻으로 쓰인다.

醫 의 의원, 병 고칠. (약)医

전쟁시 창(殳)과 화살(矢)에 맞아 파인 자국(匸)에 술(酉)로 소독하여 치료하다.

(133)

金
쇠 **금**

흙(土)에 덮여(亠) 있는 광석(丷)을 나타내어 '금'을 뜻한 자.

針 침 바늘, 꿰맬, 침찌를. (본)鍼

(十)자는 실을 꿴 바늘의 모양. 쇠(金)로 된 '바늘(十)'을 뜻한 자.

(134)

門
문(두짝) **문**

두 짝 '문'의 모양을 본뜬 자.

閉 폐 닫을, 마칠, 가릴, 덮을.
별 감출, 막을

문(門)에 빗장(才)을 끼운 모양에서 '닫다'의 뜻이 된자.

(135)

阜
언덕 **부**
(좌부방)

흙이 겹겹이 쌓이고 덮쳐진 산의 단층 모양을 본떠 큰 '언덕'을 뜻한 자.

陸 륙 육지, 뭍, 두터울, 뛸, 길, 어긋날

언덕(阝)과 큰 흙덩이(坴)가 높고 낮게 잇닿아 된 '육지(陸地)'를 뜻한 자.

136

隶
밑 이

꼬리(氺←尾)를 붙잡고(彐=又) 뒤쫓아간다는 데서 '미치다' 또는 '밑'의 뜻이 된 자.

隷 예 종, 붙이, 죄인, 서체, 검열할. (동)隷

저지른 죄의 꼬리가 잡혀(隶) 그 벌(隶)로서 '종이 되었다는 뜻으로 된 자.

137

隹
새 추

꽁지가 몽똑하게 짧은 '새'의 모양을 본떠, 꽁지 짧은 새를 통틀어 일컫는 자.

集 집 모을, 나아갈, 문집, 가지런할, 편할

새(隹) 떼가 나무(木)를 뒤덮듯이 많이 앉은 모양에서 '모이다'의 뜻이 된 자.

138

雨
비 우

구름에서 빗방울이 떨어지는 모양을 본 떠 '비' 또는 '비오다'의 뜻이 된 자.

雪 설 눈, 눈 내릴, 흴, 씻을 (雪辱=설욕)

비(雨)가 얼어서 내리는 눈발을 손(彐=又)으로 받는 모양.

139

韋
가죽 위

'다룬 가죽'을 본뜬 자. 또는, 성의 주위를 군인이 어긋 디디며 다닌 발자국 모양을 본뜬 자.

韓 한 우물 담, 나라 이름, 한국

아침 햇빛(倝)을 받아 아름답게 빛나는 '우물담(韋)' 같은 성의 나라.

140

頁
머리 혈

사람의 목에서 '머리(首=百)' 끝까지의 모양을 본뜬 자.

顔 안 얼굴, 빛, 편액, 산 우뚝할

선비(彦)의 훤칠한 이마(頁)를 가리켜 '얼굴'을 뜻하게 된 자.

(141)

食
밥 **식**
(먹을 식)

밥(皀=良 밥 고소할 흡)을 모아(亼=모을 집) 담은 모양을 본떠 '밥' 또는 '먹다'의 뜻이 된 자.

飲 (음) 마실, 음료, 잔치, 머금을, 숨길. (약)飲

입을 크게 벌리고(欠) 물이나 술 따위를 마신다(食).

(142)

鹿
사슴 **록**

'사슴'의 뿔 및 머리(亠)·몸통(严)·네 발(比)의 모양을 본뜬 자.

麗 (려)(리) 고울, 붙을, 맑을, 맬 부딪힐

사슴(鹿)이 나란히 짝지어(쯰)가는 모양

(143)

黑
검을 **흑**

불땔 때 연기(㶟)가 창(囧) 사이로 빠져 나가면서 그을어진 것이 '검다'는 뜻.

默 (묵) 고요할, 말없을, 흐릴, 가리킬, 침잠할

캄캄한(黑) 밤에 개(犬)마저 짖지 않는 '고요'.

(144)

馬
말 **마**

'말'의 머리·갈기와 꼬리(馬)·네 굽(灬) 등의 모양을 본뜬 자.

騷 (소) 시끄러울, 흔들릴

말(馬)이 물것에 물려 벼룩(蚤)처럼 마구 날뛴다.

(145)

骨
뼈 **골**

살(月←肉)이 발라내진 (冎=살 발라낼 과) '뼈'를 뜻하여 된 자.

體 (체) 몸, 근본. (약)体

뼈(骨)와 살과 오장육부(豊)로 이루어진 '몸'을 뜻하여 된 자.

146 音 소리 음

소리에 마디가 있음을 나타내어 言의 아랫부분 口에 한 획(一)을 더 그어 '소리'를 가리킨 자.

韻  운 울림, 운치, 화할

사람(員)이 글을 읽는 소리(音)의 높낮이를 가리켜 '운'.

147 髟 머리늘어질 표 (터럭발)

긴(镸←長) 머리카락(彡)이 '늘어짐'을 나타낸 자.

髮  발 터럭, 머리카락, 모래 땅, 메마를

개꼬리(犮←拔) 같이 늘어진 긴 '머리털(髟)'.

148 鬼 귀신 귀

죽은(甶=귀신머리 불) 사람(儿)의 영혼이 사악하게(厶) 사람을 해치는 '귀신'을 뜻한 자.

魂  혼 넋, 마음

구름(云)처럼 떠다니는 죽은 사람의 넋(鬼).

149 魚 고기 어

'물고기'의 머리(⺈)·몸통(田)·지느러미(灬)의 모양을 본뜬 자.

鯨  경 고래

고기(魚)가 대궐같이(京) 크다 하여 '고래'.

150 鳥 새 조

꽁지가 긴 '새'의 모양을 본뜬 자(隹자 참조).

鳴  명 울, 울릴, 새가 울, 부를

닭(鳥)이 주둥이(口)를 벌리고 '욺'을 나타내어 된 자.

2편 배정한자 5단계 학습(151~300자)

 6급 배정한자 151 ~ 155 자원 풀이

151 各

각각 각 [口 6획]

夊 : 뒤쳐올 치, 口 : 입 구

ノ	ク	夂	各	各

앞에 간 사람의 말(口)과 뒤에 오는(夊) 사람의 말이 각각 다르다.

各樣各色 - 각양각색
(모양 양, 빛 색)

152 角

뿔 각 [角 7획]

勹 (뿔), 用 (머리)

ケ	广	角	角	角

짐승 머리(用) 위의 뿔(刀)을 본뜬 자.

角度 - 각도 (법도 도)
角木 - 각목 (나무 목)

153 感

느낄 감 [心 13획]

戌 口 心 (도끼, 말, 마음)

厂	后	咸	感	感

도끼로 때려 부술 때(戌-도끼 술) 살려 달라 애원하는 말이(口) 가슴에 닿아 느끼다(心).

感情 - 감정 (뜻 정)
感激 - 감격 (격할 격)

154 强

강할 강 [弓 12획]

弘 : 넓을 홍, 虫 : 벌레 충

コ	弓	弝	弜	强

쌀 바구미(虫) 입이(口) 넓어(弘) 몸에 비해 강하다.

强度 - 강도 (법도 도)
强力 - 강력 (힘 력)

155 開

열 개 [門 12획]

門 : 문 문, 开 : 빗 장

尸	門	門	閂	開

대문(門)에 빗장(一)을 들어(廾-들 공) 열다.

開放 - 개방 (놓을 방)
開化 - 개화 (될 화)

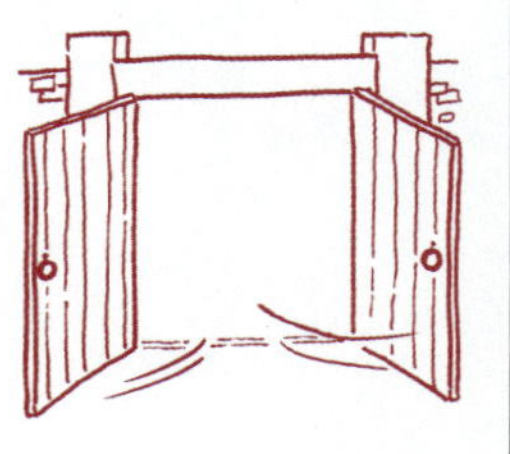

1 배정한자 151~155

各	角	感	强	開
각각 각	뿔 각	느낄 감	강할 강	열 개

2 훈음과 한자를 쓰시오.

보기

價格 / 가격 / 격식 격 → 價格 / 가격 / 값 가 / 격식 격

정가 / 정할 정 → 定價 / 정가 / 정할 정 / 값 가

各樣 / 각 양 / 각각 각

各色 / 각 색 / 빛 색

角度 / 각 도 / 뿔 각

角木 / 각 목 / 나무 목

感情 / 감 정 / 느낄 감

感激 / 감 격 / 격할 격

强度 / 강 도 / 강할 강

强力 / 강 력 / 힘 력

開放 / 개 방 / 열 개

開化 / 개 화 / 될 화

각 양 / 모양 양

각 색 / 각각 각

각 도 / 법도 도

각 목 / 뿔 각

감 정 / 뜻 정

감 격 / 느낄 감

강 도 / 법도 도

강 력 / 강할 강

개 방 / 놓을 방

개 화 / 열 개

3 (   ) 안에 훈음을 쓰시오.

보기

(값 가) (격식 격)
물건에 값을 매긴 것
價 格   定 價
(정할 정) (값 가)
일정한 금액으로 정한 가격

(   ) (   )
여러 가지 다른 모양
各 樣   各 色
각기 다른 색깔
(   ) (   )

(   ) (   )
삼각형의 각도는 180도다.
角 度   角 木
각진 네모 막대
(   ) (   )

(   ) (   )
느끼는 뜻의 마음의 정감
感 情   感 激
느끼어 갖는 감정의 격동
(   ) (   )

(   ) (   )
강한 도수
強 度   強 力
강한 힘
(   ) (   )

(   ) (   )
문을 열어 터 놓은 것.
開 放   開 化
열어서 변화시켜 나감.
(   ) (   )

4 독음과 한자를 쓰시오.

各 樣	角 度	感 情	強 度	開 放
각 색	각 목	감 격	강 력	개 화

5 한자를 쓰시오.

151 
各 각각 각

152 
角 뿔 각

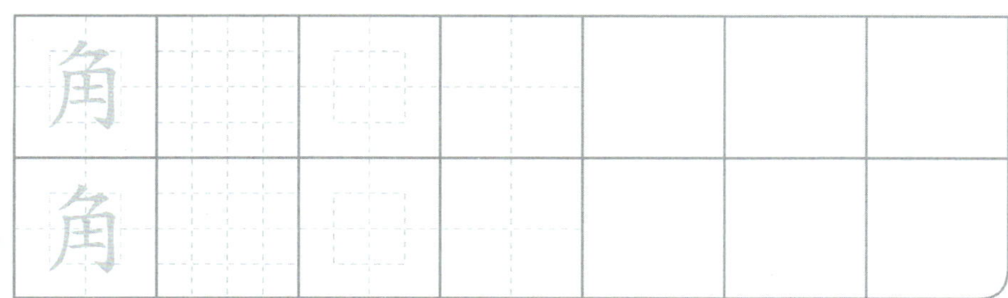

153 
感 느낄 감

154 
强 강할 강

155 
開 열 개

6급 배정한자 156 ~ 160 자원 풀이

156

京

서울 경 〔亠 8획〕

古 : 높을 고, 小 - 丘

높은 언덕에(小) 고관 대작의 집 (古)이 서울에 있다.

| 亠 | 古 | 亨 | 京 | 京 |

京城 - 경성 (재 성)
京鄕 - 경향 (시골 향)

157

計

셀 계 〔言 9획〕

言 : 말씀 언, 十 : 열 십

열을(十) 한 단계로 크게 소리쳐 (言) 가며 헤아린다.

| 亠 | 言 | 言 | 言 | 計 |

計算 - 계산 (셈 산)
計數 - 계수 (셈 수)

158

界

지경 계 〔田 9획〕

田 : 밭 전, 介 : 낄 개

밭과(田) 밭 사이 갈피를(介) 지 경으로 삼는다.

| 曰 | 田 | 田 | 界 | 界 |

世界 - 세계 (인간 세)
境界 - 경계 (지경 경)

159

高

높을 고 〔高 10획〕

冋 (성), 亠 (망루)

성 위에(冋) 높이 솟은 망루(亠) 가 높다.

| 亠 | 古 | 古 | 高 | 高 |

高級 - 고급 (등급 급)
高價 - 고가 (값 가)

160

苦

쓸 고 〔艸 9획〕

艹 : 풀 초, 古 : 옛 고

씀바귀(艹)는 싹이 나서 오래되면 (古) 몹시 쓰다.

| 艹 | 艹 | 苦 | 苦 | 苦 |

苦學 - 고학 (배울 학)
苦生 - 고생 (날 생)

---

1 배정한자 156~160

京	計	界	高	苦
서울 경	셀 계	지경 계	높을 고	쓸 고

2 훈음과 한자를 쓰시오.

보기

價格	→	價格		정할 정	→	定價
가 격 / 격식 격		가 격 / 값 가 / 격식 격	정 가 / 정할 정		정 가 / 정할 정 / 값 가

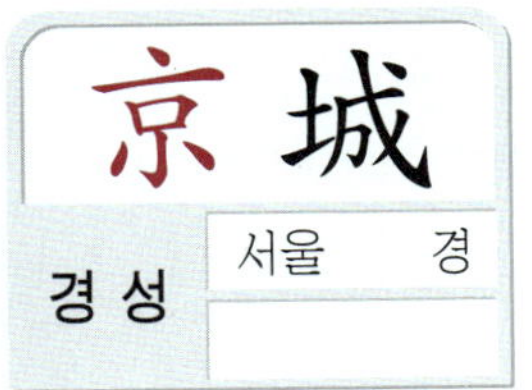

京城
경성 / 서울 경

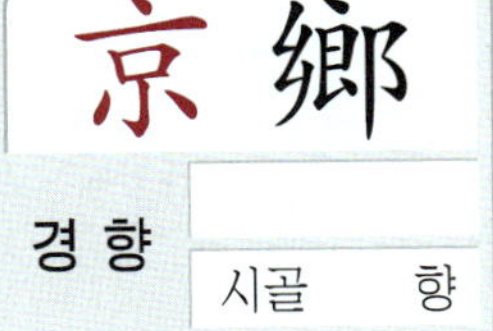

京鄕
경향 / 시골 향

計算
계산 / 셀 계

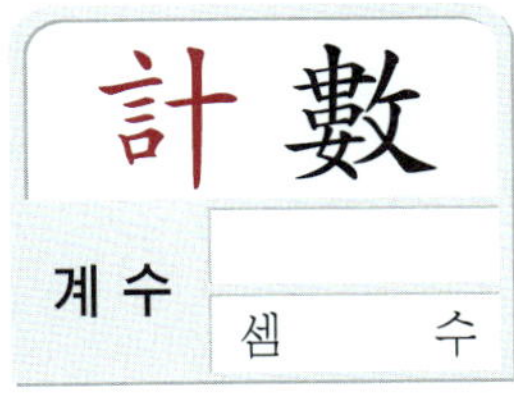

計數
계수 / 셈 수

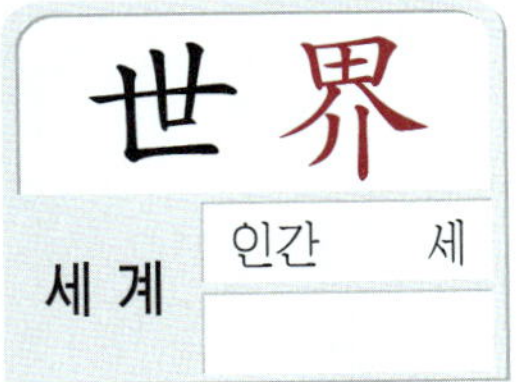

世界
세계 / 인간 세

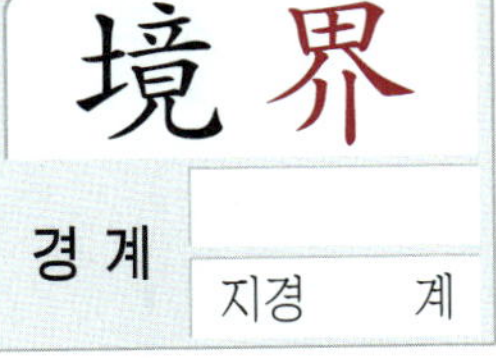

境界
경계 / 지경 계

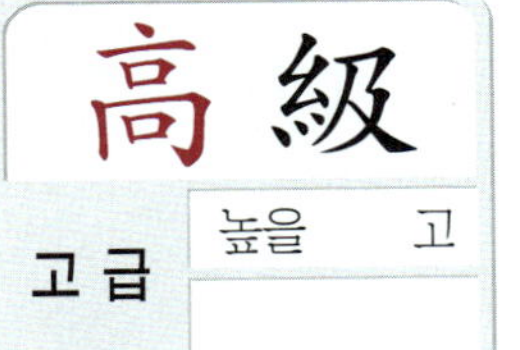

高級
고급 / 높을 고

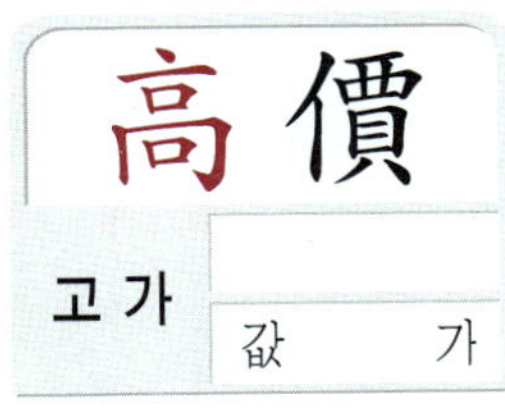

高價
고가 / 값 가

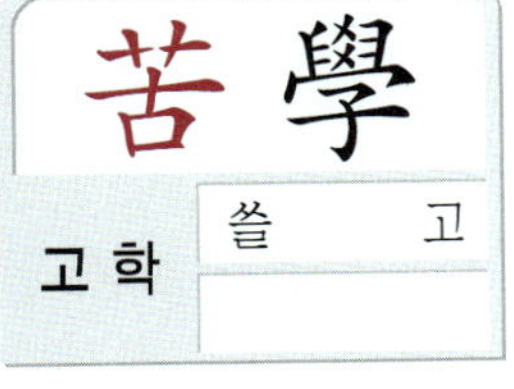

苦學
고학 / 쓸 고

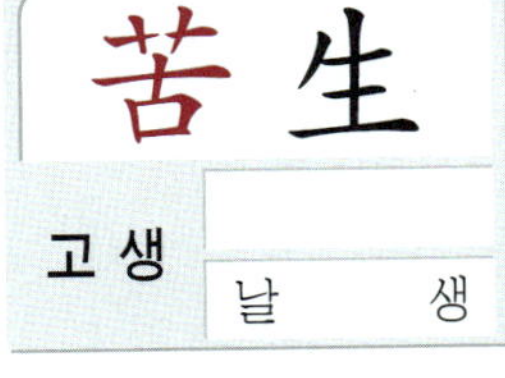

苦生
고생 / 날 생

경성 / 재 성

경향 / 서울 경

계산 / 셈 산

계수 / 셀 계

세계 / 지경 계

경계 / 지경 경

고급 / 등급 급

고가 / 높을 고

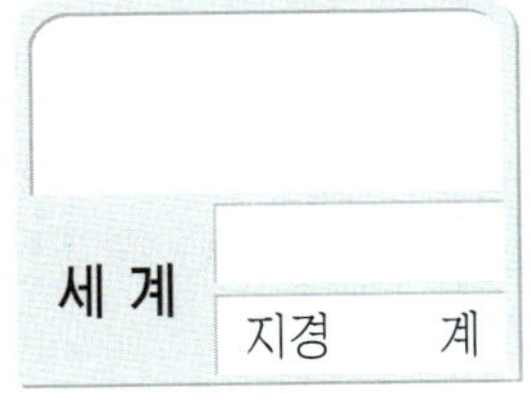

고학 / 배울 학

고생 / 쓸 고

memo

3 (   ) 안에 훈음을 쓰시오.

보기

(값　가) (격식　격)
물건에 값을 매긴 것　價　格　　定　價　(정할 정) (값　가)
일정한 금액으로 정한 가격

(　　　　)(　　　　)
궁궐이 있는 서울의 성곽　京　城　　京　鄕　서울과 시골
(　　　　)(　　　　)

(　　　　)(　　　　)
셈하여 산출하는 것.　計　算　　計　數　계산할 수치
(　　　　)(　　　　)

(　　　　)(　　　　)
세상 여러 나라　世　界　　境　界　나라와 나라의 경계
(　　　　)(　　　　)

(　　　　)(　　　　)
높은 등급, 고급 옷　高　級　　高　價　높은 가격
(　　　　)(　　　　)

(　　　　)(　　　　)
고생하며 공부하는 것.　苦　學　　苦　生　어려운 생활
(　　　　)(　　　　)

4 독음과 한자를 쓰시오.

京城	計算	世界	高級	苦學
경　향	계　수	경　계	고　가	고　생

5 한자를 쓰시오.

156 京 서울 경

157 計 셀 계

158 界 지경 계

159 高 높을 고

160 苦 쓸 고

6급 배정한자 161 ~ 165 자원 풀이

161 古

예 고	[口 5획]
十 : 열 십, 口 : 입 구	

여러 대에 걸쳐(十) 입으로(口) 전해 오는 것은 이미 오래된 것이다.

一	十	十	古	古

古都 – 고도 (도읍 도)
古宮 – 고궁 (집 궁)

162 功

공 공	[力 5획]
工 : 장인 공, 力 : 힘 력	

뼈가 휘도록 힘껏(力) 일하여(工) 이루어진 공.

一	丁	工	巧	功

功臣 – 공신 (신하 신)
功勞 – 공로 (일할 로)

163 公

공평할 공	[八 4획]
厶 : 사사 사, 八 (떠나다)	

사적인(厶) 면에서 떠난 사람이 (八) 공평한 사람이다.

ノ	八	公	公	公

公共 – 공공 (한가지 공)
公平 – 공평 (평평할 평)

164 共

한가지 공	[八 6획]
廾 : 밑스물 십, 六 : 받들 길	

많은 사람이(廾) 손을 받들어(六) 한가지 마음으로 함께 받든다.

一	卄	丗	共	共

共同 – 공동 (한가지 동)
共生 – 공생 (날 생)

165 科

과목 과	[禾 9획]
禾 : 벼 화, 斗 : 말 두	

벼를(禾) 말로(斗) 헤아리는 과정의 과목.

二	禾	禾	科	科

科學 – 과학 (배울 학)
科目 – 과목 (눈 목)

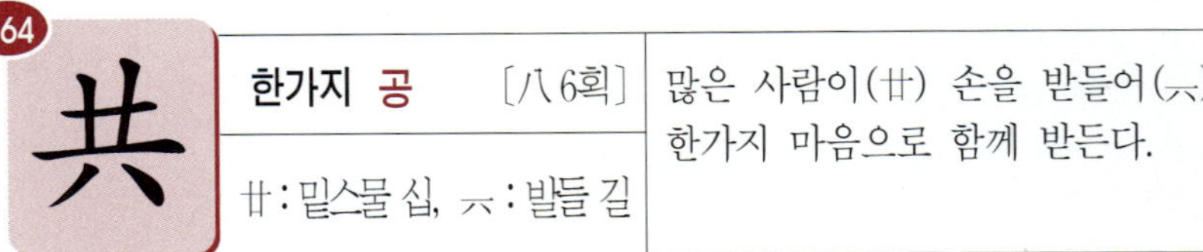

1 배정한자 161~165

古	功	公	共	科
예 고	공 공	공평할 공	한가지 공	과목 과

2 훈음과 한자를 쓰시오.

보기

價格 / 가격 · 격식 격 → 價格 / 가격 · 값 가 · 격식 격   [ ] / 정 가 · 정할 정 → 定價 / 정 가 · 정할 정 · 값 가

古都	古宮	功臣	功勞
고 도 — 예 고	고 궁 — 집 궁	공 신 — 공 공	공 로 — 일할 로

公共	公平	共同	共生
공 공 — 공평할 공	공 평 — 평평할 평	공 동 — 한가지 공	공 생 — 날 생

科學	科目	古都	古宮
과 학 — 과목 과	과 목 — 눈 목	고 도 — 도읍 도	고 궁 — 예 고

功臣	功勞	公共	公平
공 신 — 신하 신	공 로 — 공 공	공 공 — 한가지 공	공 평 — 공평할 공

共同	共生	科學	科目
공 동 — 한가지 동	공 생 — 한가지 공	과 학 — 배울 학	과 목 — 과목 과

3 ( ) 안에 훈음을 쓰시오.

보기

(값 가) (격식 격)
물건에 값을 매긴 것 價 格   定 價 (정할 정) (값 가)
일정한 금액으로 정한 가격

( )( )
옛날의 도시 古 都   古 宮 옛 궁궐
( )( )

( )( )
공이 있는 신하 功 臣   功 勞 공이 있는 노고
( )( )

( )( )
공동사회의 공평한 처사 公 共   公 平 편중되지 않고 서로의
균형이 같다.
( )( )

( )( )
한가지 뜻으로 함께 참가 共 同   共 生 함께 같이 살아가는 것.
하는 것. ( )( )

( )( )
사회, 자연 과목 科 學   科 目 공부하는 학과
( )( )

4 독음과 한자를 쓰시오.

古 都	功 臣	公 共	共 同	科 學
고 궁	공 로	공 평	공 생	과 목

5 한자를 쓰시오.

161 古 예 고

162 功 공 공

163 公 공평할 공

164 共 한가지 공

165 科 과목 과

6급 배정한자 166 ~ 170 자원 풀이

166

果

실과 과 〔木 8획〕

田 (과일), 木 : 나무 목

나무 위에(木) 열릴 과일(田)의 실과, 과수원에 과실수를 심다.

| 日 | 旦 | 甲 | 果 | 果 |

果實 - 과실 (열매 실)
果樹 - 과수 (나무 수)

167

光

빛 광 〔儿 6획〕

⺌ - 火, 儿 - 人

사람이(儿) 치켜든 횃불이(⺌) 밝게 비친다.

| 丨 | 小 | 业 | 光 | 光 |

光明 - 광명 (밝을 명)
光線 - 광선 (줄 선)

168

交

사귈 교 〔亠 6획〕

亠 : 머리, 八 : 팔, ㄨ : 서로

벗끼리(亠) 손을 잡고(八) 서로 왕래(ㄨ)하여 사귀다.

| 亠 | 亠 | 六 | 亣 | 交 |

交代 - 교대 (대신 대)
交通 - 교통 (통할 통)

169

球

공 구 〔玉 11획〕

王 - 玉, 求 : 구할 구

옥을(王) 구하여(求) 갈고 닦으니 공처럼 둥글고 아름답다.

| 丁 | 王 | 玎 | 玗 | 球 |

地球 - 지구 (땅 지)
蹴球 - 축구 (찰 축)

170

區

구분할 구 〔匚 11획〕

匚 : 상자 방, 品 : 물건 품

물건을(品) 구분하여 상자에(匚) 넣다.

| 匚 | 匸 | 匞 | 區 | 區 |

區域 - 구역 (지경 역)
區分 - 구분 (나눌 분)

1 배정한자 166~170

果	光	交	球	區
실과 과	빛 광	사귈 교	공 구	구분할 구

2 훈음과 한자를 쓰시오.

보기

價格	→	價格		정할 정	→	定價
가 격 · 격식 격		가 격 · 값 가 / 격식 격	정 가 · 정할 정		정 가 · 정할 정 / 값 가

果實 과실 · 실과 과

果樹 과 수 · 나무 수

光明 광 명 · 빛 광

光線 광 선 · 줄 선

交代 교 대 · 사귈 교

交通 교 통 · 통할 통

地球 지 구 · 따 지

蹴球 축 구 · 공 구

區域 구 역 · 구분할 구

區分 구 분 · 나눌 분

(과 실) · 열매 실

(과 수) · 실과 과

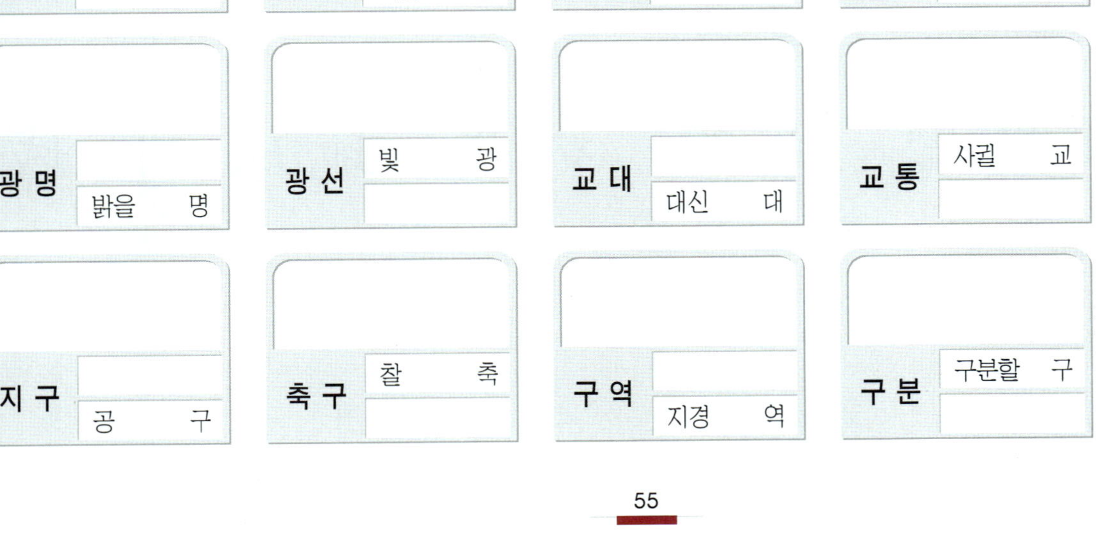

(광 명) · 밝을 명

(광 선) · 빛 광

(교 대) · 대신 대

(교 통) · 사귈 교

(지 구) · 공 구

(축 구) · 찰 축

(구 역) · 지경 역

(구 분) · 구분할 구

memo

3 ( ) 안에 훈음을 쓰시오.

보기

(값 가) (격식 격)
물건에 값을 매긴 것
價 格　定 價
(정할 정) (값 가)
일정한 금액으로 정한 가격

( ) ( )
과일 나무의 열매
果 實　果 樹
과일이 달리는 나무
( ) ( )

( ) ( )
빛이 나서 밝아지는 것.
光 明　光 線
빛의 줄기
( ) ( )

( ) ( )
서로 바꾸어 근무함.
交 代　交 通
다니는 운송 수단
( ) ( )

( ) ( )
인간이 사는 땅덩어리
地 球　蹴 球
발로 차는 축구 경기
( ) ( )

( ) ( )
갈라 놓은 지역
區 域　區 分
갈라 놓은 분야
( ) ( )

4 독음과 한자를 쓰시오.

果實	光明	交代	地球	區域
과　수	광　선	교　통	축　구	구　분

5 한자를 쓰시오.

 **배정한자 171 ~ 175 자원 풀이**

171 郡

고을 군	[邑 10획]	임금의(君) 명령으로 고을(阝)까지 다스리다.
君 : 임금 군, 阝 - 邑		

ㄱ	ㅋ	尹	君	郡

郡民 - 군민 (백성 민)
郡守 - 군수 (지킬 수)

172 近

가까울 근	[辵 8획]	물건을 저울에(斤) 달 때 추를 가깝게 이동(辶)한다.
斤 : 무게 근, 辶 - 辵		

厂	斤	斤	沂	近

近處 - 근처 (곳 처)
近郊 - 근교 (들 교)

173 根

뿌리 근	[木 10획]	나무(木)의 아래 끝에 그쳐진(艮) 나무 뿌리.
木 : 나무 목, 艮 : 그칠 간		

十	木	杞	根	根

根本 - 근본 (근본 본)
根源 - 근원 (근원 원)

174 今

이제 금	[人 4획]	세월이 흐르고 쌓여(스) 이제까지 지금에 이르다(ㄱ).
스 : 모일 집, ㄱ : 끌 예		

ノ	人	스	今	今

今時初聞 - 금시초문
(때 시, 처음 초, 들을 문)

175 級

등급 급	[糸 10획]	실이(糸) 차례로 잇따라(及) 높고 낮은 차례의 등급이 된다.
糸 : 실 사, 及 : 미칠 급		

幺	糸	紀	級	級

學級 - 학급 (배울 학)
級友 - 급우 (벗 우)

1 배정한자 171~175

郡	近	根	今	級
고을 군	가까울 근	뿌리 근	이제 금	등급 급

2 훈음과 한자를 쓰시오.

보기

價格 / 가격 / 격식 격 → 價格 / 가격 / 값 가 / 격식 격   ☐ / 정 가 / 정할 정 → 定價 / 정 가 / 정할 정 / 값 가

郡民 / 군 민 / 고을 군
郡守 / 군 수 / 지킬 수
近處 / 근 처 / 가까울 근
近郊 / 근 교 / 들 교

根本 / 근 본 / 뿌리 근
根源 / 근 원 / 근원 원
今時 / 금 시 / 이제 금
初聞 / 초 문 / 들을 문

學級 / 학 급 / 배울 학
級友 / 급 우 / 벗 우
군 민 / 백성 민
군 수 / 고을 군

근 처 / 곳 처
근 교 / 가까울 근
근 본 / 근본 본
근 원 / 뿌리 근

금 시 / 때 시
초 문 / 처음 초
학 급 / 등급 급
급 우 / 등급 급

3 ( ) 안에 훈음을 쓰시오.

보기

(값 가) (격식 격)
물건에 값을 매긴 것 價 格   定 價 (정할 정) (값 가)
일정한 금액으로 정한 가격

( ) ( )
군에 사는 주민 郡 民   郡 守 군민이 뽑은 군청의 군수
( ) ( )

( ) ( )
가까운 지역 近 處   近 郊 가까운 주변의 들
( ) ( )

( ) ( )
근원이 되는 뿌리 根 本   根 源 줄기의 근본 뿌리
( ) ( )

( ) ( )
지금 이 시각 今 時   初 聞 처음으로 듣다.
( ) ( )

( ) ( )
학교의 반별 등급 學 級   級 友 같은 반 친구들
( ) ( )

4 독음과 한자를 쓰시오.

郡 民	近 處	根 本	今 時	學 級
군 수	근 교	근 원	초 문	급 우

5 한자를 쓰시오.

171 郡 고을 군

172 近 가까울 근

173 根 뿌리 근

174 今 이제 금

175 級 등급 급

memo

6급 배정한자 176 ~ 180 자원 풀이

176 急

급할 **급**　〔心 9획〕

刍 - 及, 心 : 마음 심

빨리 뒤쫓으려고(刍) 서두르는 급한 마음(心) 급속도의 급류를 타다.

ク	ク	刍	急	急

急速 - 급속 (빠를 속)
急流 - 급류 (흐를 류)

177 多

많을 **다**　〔夕 6획〕

夕 : 저녁 석

어젯밤(夕) 오늘 및 내일밤(夕) 이 거듭되어 날짜가 많아지다.

ク	夕	多	多	多

多少 - 다소 (적을 소)
多數 - 다수 (셈 수)

178 短

짧을 **단**　〔矢 12획〕

矢 : 화살 시, 豆 : 콩 두

화살의(矢) 길이가 콩단 같이(豆) 짧음을 의미한다.

矢	矢	短	短	短

短期 - 단기 (기약할 기)
短縮 - 단축 (줄일 축)

179 堂

집 **당**　〔土 11획〕

尙 : 높을 상, 土 : 흙 토

흙을(土) 돋우어 높이(尙) 지은 큰 집.

少	尙	尙	堂	堂

別堂 - 별당 (다를 별)
祠堂 - 사당 (사당 사)

180 待

기다릴 **대**　〔彳 9획〕

彳 - 辵, 寺 : 관청 사

관청에(寺) 일보러 가 서성거리 며(彳) 기다린다.

彳	彳	往	待	待

招待 - 초대 (부를 초)
待接 - 대접 (이을 접)

1 배정한자 176~180

急	多	短	堂	待
급할 급	많을 다	짧을 단	집 당	기다릴 대

2 훈음과 한자를 쓰시오.

보기

價格	→	價格		정할 정	→	定價
가 격 / 격식 격		가 격 / 값 가 · 격식 격	정 가		정 가 / 정할 정 · 값 가

急速 — 급 속 — 급할 급

急流 — 급 류 — 흐를 류

多少 — 다 소 — 많을 다

多數 — 다 수 — 셈 수

短期 — 단 기 — 짧을 단

短縮 — 단 축 — 줄일 축

別堂 — 별 당 — 다를 별

祠堂 — 사 당 — 집 당

招待 — 초 대 — 부를 초

待接 — 대 접 — 이을 접

급 속 — 빠를 속

급 류 — 급할 급

다 소 — 적을 소

다 수 — 많을 다

단 기 — 기약할 기

단 축 — 짧을 단

별 당 — 집 당

사 당 — 사당 사

초 대 — 기다릴 대

대 접 — 기다릴 대

3 ( ) 안에 훈음을 쓰시오.

보기

| (값　가) (격식 격)
물건에 값을 매긴 것 | 價 格 | 定 價 | (정할 정) (값　가)
일정한 금액으로 정한 가격 |

(　　　)(　　　)
급하게 속력을 내는 것.　急 速　　急 流　급하게 흐르는 것.
(　　　)(　　　)

(　　　)(　　　)
많고 적은 것.　多 少　　多 數　많은 수량
(　　　)(　　　)

(　　　)(　　　)
짧은 기간　短 期　　短 縮　시간을 줄이는 것.
(　　　)(　　　)

(　　　)(　　　)
집의 본관에 별채의 집을
짓는 것.　別 堂　　祠 堂　제사만 지내는 사당
(　　　)(　　　)

(　　　)(　　　)
불러서 접대함.　招 待　　待 接　초대하여 융성하게 대접함.
(　　　)(　　　)

4 독음과 한자를 쓰시오.

急速	多少	短期	別堂	招待
급　류	다　수	단　축	사　당	대　접

5 한자를 쓰시오.

| 176 急 급할 급 |
| 177 多 많을 다 |
| 178 短 짧을 단 |
| 179 堂 집 당 |
| 180 待 기다릴 대 |

memo

6급 배정한자 181~185 자원 풀이

181 代

대신 **대** 〔人 5획〕

亻: 사람 인, 弋: 주살 익

주살을(弋) 세워서 사람을(亻) 대신하다.

`ノ イ 亻 代 代`

代理 - 대리 (다스릴 리)
代身 - 대신 (몸 신)

182 對

대할 **대** 〔寸 14획〕

丵: 무성할 착, 寸: 법 도

사람이 자리에(一) 촘촘히(丵) 앉아 법도에(寸) 따라 대답하다.

`业 丵 丵 對 對`

對面 - 대면 (낯 면)
對答 - 대답 (대답 답)

183 圖

그림 **도** 〔囗 14획〕

啚: 어려울 비, 囗 (나라)

어려운(啚) 나라(囗) 일을 그림 지도에 나타내다.

`冂 冏 啚 圖 圖`

地圖 - 지도 (땅 지)
圖案 - 도안 (책상 안)

184 度

법도 **도** 〔广 9획〕

庶: 무리 서, 又 (손)

많은 사람이(庶) 손으로(又) 헤아린 것이 법도에 맞다.

`广 广 庐 庹 度`

態度 - 태도 (모습 태)
度量 - 도량 (헤아릴 량)

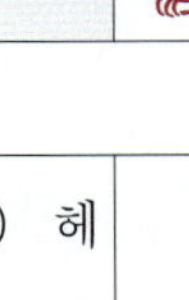
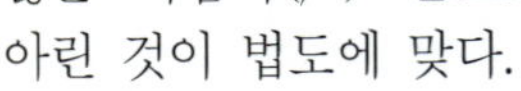

185 讀

읽을 **독** 〔言 22획〕

言: 말씀 언, 賣: 팔 매

물건을 팔기 위해(賣) 선전물의 말을(言) 계속 읽는다.

`言 言 讀 讀 讀`

讀書 - 독서 (글 서)
讀解 - 독해 (풀 해)

1 배정한자 181~185

代	對	圖	度	讀
대신 대	대할 대	그림 도	법도 도	읽을 독

2 훈음과 한자를 쓰시오.

보기

價格 / 가격 / 격식 격 → 價格 / 가격 / 값 가 / 격식 격   정 가 / 정할 정 → 定價 / 정 가 / 정할 정 / 값 가

代理 · 대 리 · 대신 대

代身 · 대 신 · 몸 신

對面 · 대 면 · 대할 대

對答 · 대 답 · 대답 답

地圖 · 지 도 · 따 지

圖案 · 도 안 · 책상 안

態度 · 태 도 · 법도 도

度量 · 도 량 · 헤아릴 량

讀書 · 독 서 · 읽을 독

讀解 · 독 해 · 풀 해

대 리 · 다스릴 리

대 신 · 대신 대

대 면 · 낮 면

대 답 · 대할 대

지 도 · 그림 도

도 안 · 그림 도

태 도 · 모습 태

도 량 · 법도 도

독 서 · 글 서

독 해 · 읽을 독

3 ( ) 안에 훈음을 쓰시오.

> **보기**
>
> (값 가) (격식 격)　價 格　定 價　(정할 정) (값 가)
> 물건에 값을 매긴 것　　　　　　　일정한 금액으로 정한 가격

( )( )
대신하여 일을 처리함,　代 理
은행의 직무 대리

代 身　대리가 은행장을 대신하
여 일을 처리하다.
( )( )

( )( )
얼굴을 맞대는 것.　對 面

對 答　어떤 문제에 답을 대는 것.
( )( )

( )( )
종이에 그린 땅의 형세　地 圖

圖 案　그림에 모양을 착안하여
종이에 그려봄.
( )( )

( )( )
어떤 일에 대처하는 몸가짐.　態 度

度 量　어떤 일을 처리하는 마
음의 도량
( )( )

( )( )
책을 읽는 것.　讀 書

讀 解　책을 읽고 해석함.
( )( )

4 독음과 한자를 쓰시오.

代 理	對 面	地 圖	態 度	讀 書
대 신	대 답	도 안	도 량	독 해

5 한자를 쓰시오.

181 代 대신 대	代					
182 對 대할 대	對					
183 圖 그림 도	圖					
184 度 법도 도	度					
185 讀 읽을 독	讀					

6급 배정한자 186 ~ 190 자원 풀이

186 童

아이 동　〔立 12획〕

里 - 重, 立 - 辛

무거운(里) 죄지은 자(立)를 아이 취급하다.

立　音　音　童　童

童心 - 동심 (마음 심)
童話 - 동화 (말씀 화)

187 頭

머리 두　〔頁 16획〕

豆 : 콩 두, 頁 : 머리 혈

콩의(豆) 단백질이 머리를(頁) 좋게 한다.

豆　豆　頭　頭　頭

頭腦 - 두뇌 (뇌수 뇌)
頭目 - 두목 (눈 목)

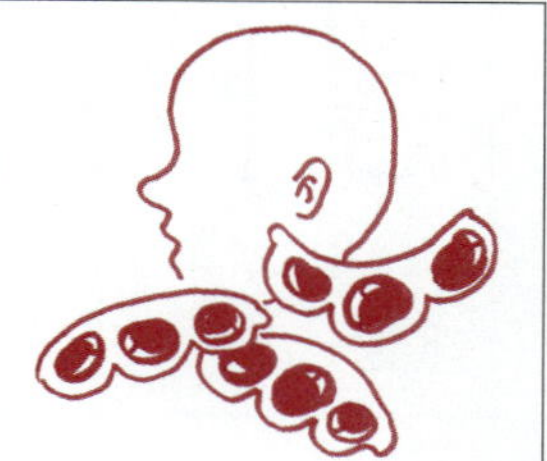

188 等

무리 등　〔竹 12획〕

竹 : 대 죽, 寺 : 관청 시

대쪽에(竹) 쓴 관청의(寺) 서류를 무리들이 정리하다.

竹　竿　笁　等　等

等級 - 등급 (등급 급)
等數 - 등수 (셈 수)

189 樂

즐길 락　〔木 15획〕

絲 (북줄), 白 (북통), 木 (나무)

나무에(木) 북을(白) 매달아(絲) 치면서 즐기다.

幺　幼　緜　樂　樂

樂園 - 낙원 (동산 원)
樂天 - 낙천 (하늘 천)

190 路

길 로　〔足 13획〕

足 : 발 족, 各 : 각각 각

길은 각각의(各) 사람이 걸어(足) 다닌다.

口　足　趵　政　路

高速道路 - 고속도로
(높을 고, 빠를 속, 길 도)

1 배정한자 186~190

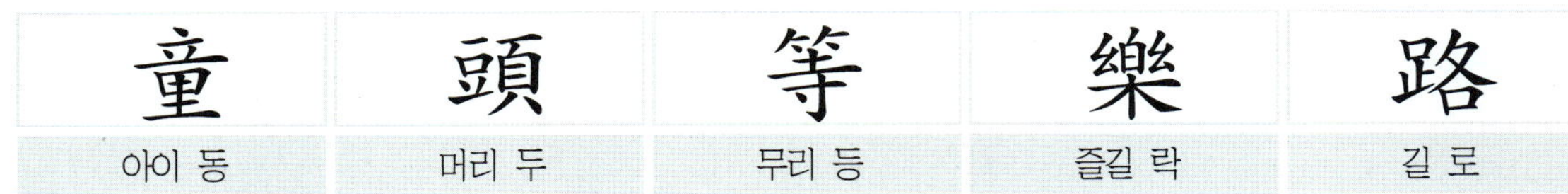

童	頭	等	樂	路
아이 동	머리 두	무리 등	즐길 락	길 로

2 훈음과 한자를 쓰시오.

보기

價格 → 價格 / 定價
가격 / 가격 값 가 / 정 가 정할 정 / 정 가 정할 정 값 가
격식 격 / 격식 격

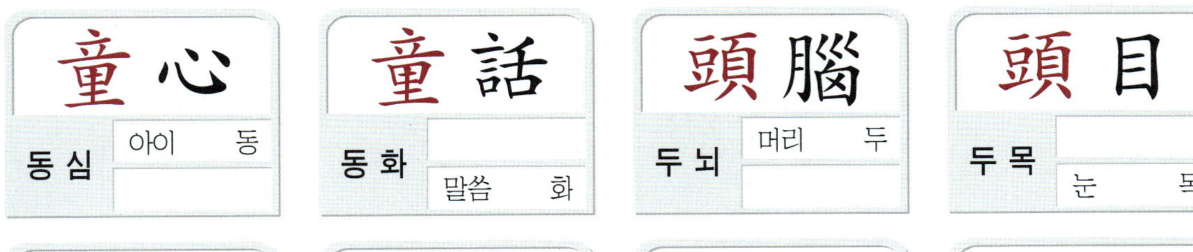

童心 — 동심 — 아이 동
童話 — 동화 — 말씀 화
頭腦 — 두뇌 — 머리 두
頭目 — 두목 — 눈 목

等級 — 등급 — 무리 등
等數 — 등수 — 셈 수
樂園 — 낙원 — 즐길 락
樂天 — 낙천 — 하늘 천

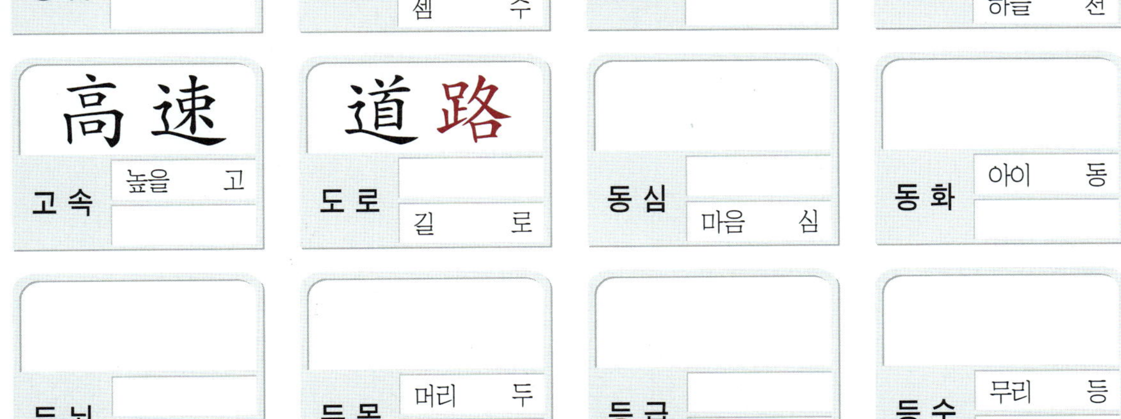

高速 — 고속 — 높을 고
道路 — 도로 — 길 로
동심 — 마음 심
동화 — 아이 동

두뇌 — 뇌수 뇌
두목 — 머리 두
등급 — 등급 급
등수 — 무리 등

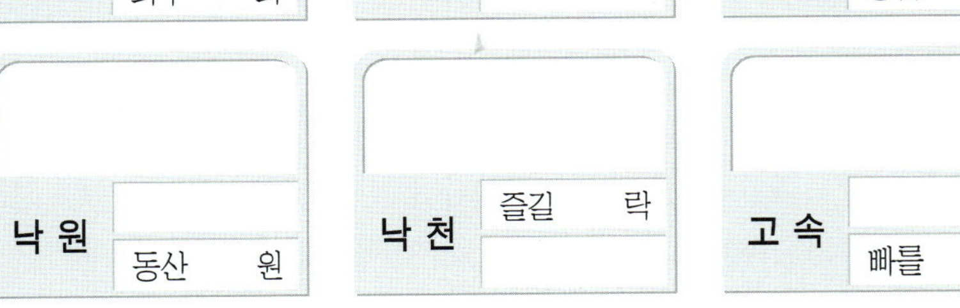

낙원 — 동산 원
낙천 — 즐길 락
고속 — 빠를 속
도로 — 길 도

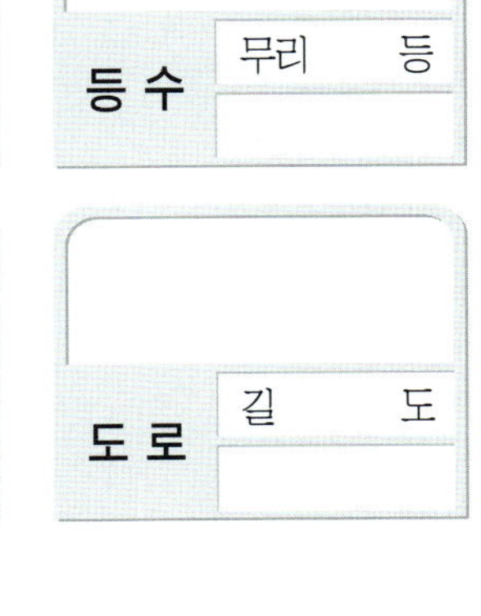

memo

3 ( ) 안에 훈음을 쓰시오.

보기

(값 가) (격식 격)
물건에 값을 매긴 것

價 格 定 價

(정할 정) (값 가)
일정한 금액으로 정한 가격

( ) ( )
아이의 마음, 순진한 동심
의 세계

童 心   童 話

어린이가 읽는 동화책
( ) ( )

( ) ( )
머리의 뇌수

頭 腦   頭 目

단체의 우두머리
( ) ( )

( ) ( )
잘되고 못되고의 등급,
등수

等 級   等 數

급수를 매긴 등급
( ) ( )

( ) ( )
즐길 수 있는 동산

樂 園   樂 天

쾌활하고 명랑한 성격
( ) ( )

( ) ( )
빨리 달리도록 설계된 큰 길

高 速   道 路

경부고속도로
( ) ( )

4 독음과 한자를 쓰시오.

童 心	頭 腦	等 級	樂 園	高 速
동 화	두 목	등 수	낙 천	도 로

5 한자를 쓰시오.

 배정한자 191 ~ 195 자원 풀이

191

綠

푸를 **록**　　〔糸 14획〕

糸 : 실 사, 彔 : 깎을 록

나무를 깎았을 때(彔) 속에 푸른 색의 섬유질(糸)이 綠色이다.

糸	紀	紓	絼	綠

綠葉 - 녹엽 (잎 엽)
綠色 - 녹색 (빛 색)

192

例

법식 **례**　　〔人 8획〕

亻 : 사람 인, 列 : 벌릴 렬

사람이(亻) 줄을 지어 선(列) 열에 견주어 법식의 견본이 됨.

亻	仴	佲	佡	例

例文 - 예문 (글월 문)
例示 - 예시 (보일 시)

193

禮

예도 **례**　　〔示 18획〕

示 (제사), 豊 : 풍성할 풍

제수를 풍성히 차려(豊) 제사를 (示) 지내는 절차의 예도.

禾	祀	禮	禮	禮

禮訪 - 예방 (찾을 방)
禮節 - 예절 (마디 절)

194

李

오얏 **리**　　〔木 7획〕

木 : 나무 목, 子 : 아들 자

나무에(木) 진귀한 열매가(子) 여는 오얏나무.

一	木	杢	李	李

李氏朝鮮 - 이씨조선
(성씨 씨, 아침 조, 고울 선)

195

利

이할 **리**　　〔刀 7획〕

禾 : 벼 화, 刂 (보습)

보습 등의 연장으로(刂) 농사를 (禾) 지으니 편리하고 이롭다.

千	禾	禾	利	利

利益 - 이익 (더할 익)
利權 - 이권 (권세 권)

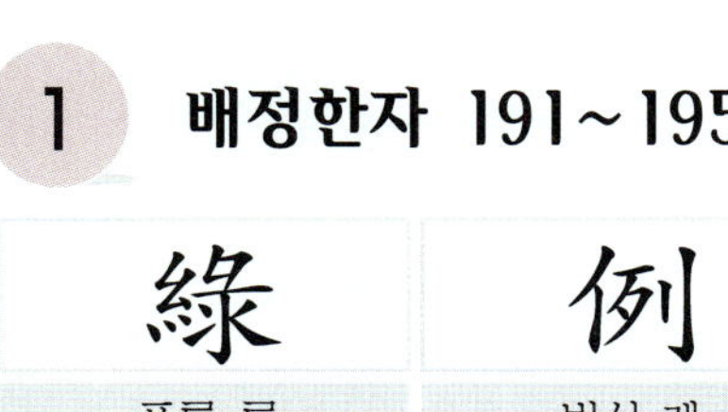

1 배정한자 191~195

綠	例	禮	李	利
푸를 록	법식 례	예도 례	오얏 리	이할 리

2 훈음과 한자를 쓰시오.

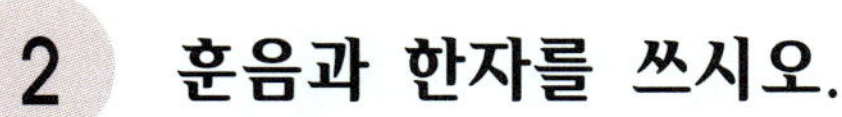

보기

價格 → 價格 / 정할 정 → 定價
가격 / 격식 격 · 값 가 / 정 가 / 정할 정 · 값 가

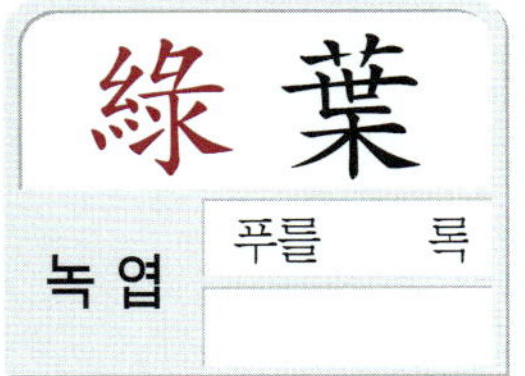

綠葉 녹엽 푸를 록

綠色 녹색 빛 색

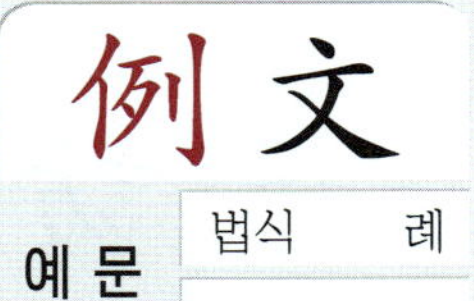

例文 예문 법식 례

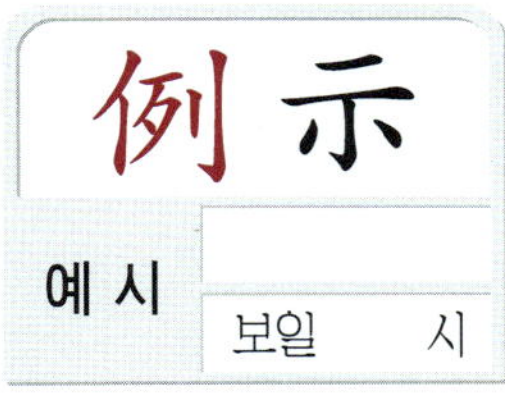

例示 예시 보일 시

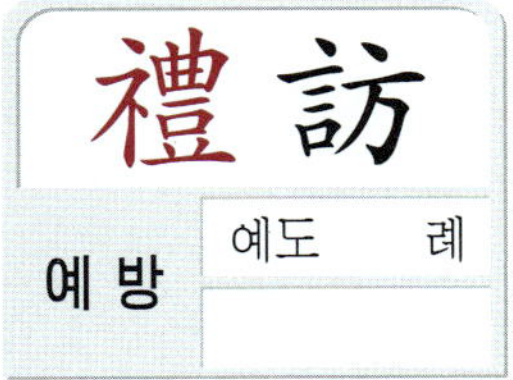

禮訪 예방 예도 례

禮節 예절 마디 절

李氏 이씨 오얏 리

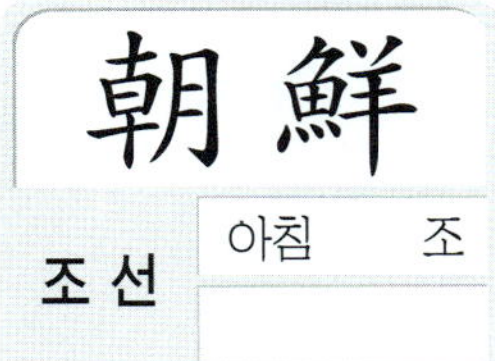

朝鮮 조선 아침 조

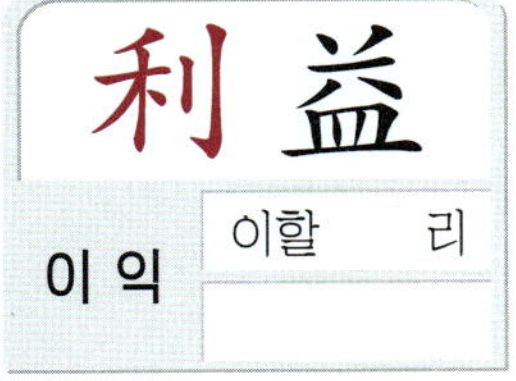

利益 이익 이할 리

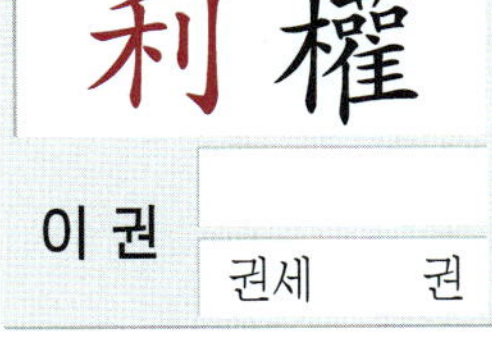

利權 이권 권세 권

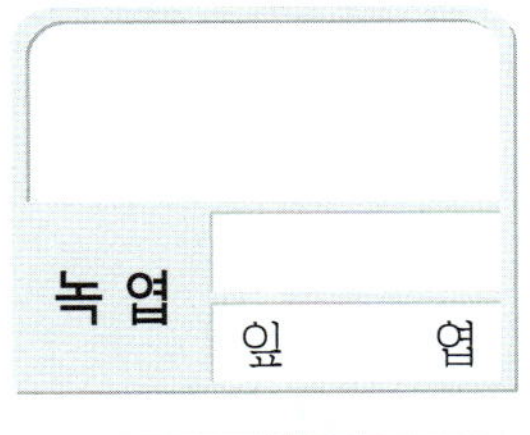

녹엽 잎 엽

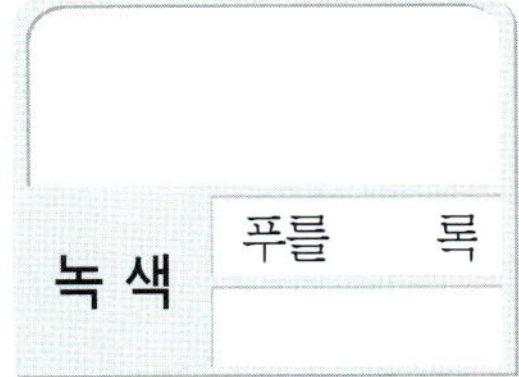

녹색 푸를 록

예문 글월 문

예시 법식 례

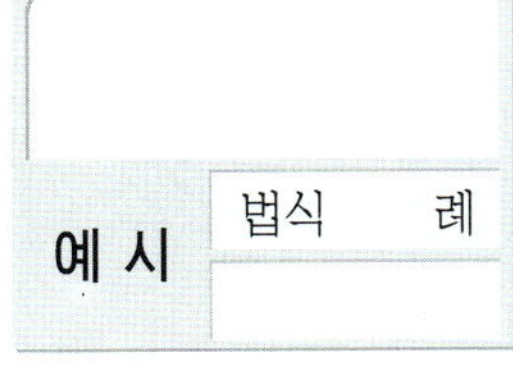

예방 찾을 방

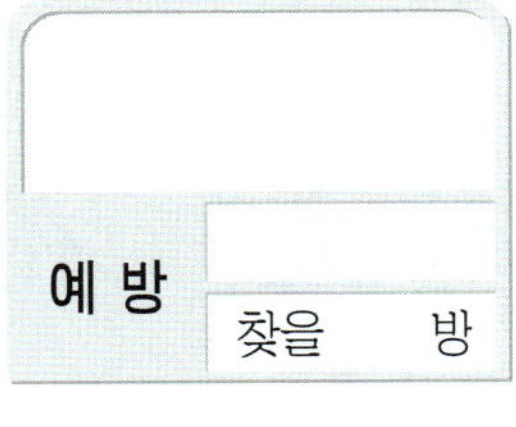

예절 예도 례

이씨 성씨 씨

조선 고울 선

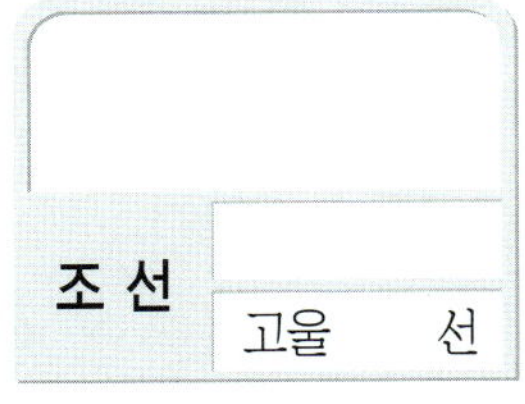

이익 더할 익

이권 이할 리

memo

3 ( ) 안에 훈음을 쓰시오.

보기

(값 가) (격식 격)
물건에 값을 매긴 것 價 格 定 價 (정할 정) (값 가)
일정한 금액으로 정한 가격

(   )(   )
녹색의 잎 綠 葉 綠 色 자연의 초록색 빛
(   )(   )

(   )(   )
예로 든 문장 例 文 例 示 예로 제시하는 보기
(   )(   )

(   )(   )
예를 갖춰 방문함. 禮 訪 禮 節 예의와 범절
(   )(   )

(   )(   )
이씨 조선 500년 왕조사 李 氏 朝 鮮 조선 일보
(   )(   )

(   )(   )
이익이 되어 도움이 됨. 利 益 利 權 이득에 대한 권한
(   )(   )

4 독음과 한자를 쓰시오.

綠葉	例文	禮訪	李氏	利益
녹 색	예 시	예 절	조 선	이 권

5 한자를 쓰시오.

6급 배정한자 196～200 자원 풀이

196

理 다스릴 **리** 〔里11획〕

王(옥), 里(밭이랑)

구슬의(王) 무늬가(里) 잘 나타나도록 갈고 다스린다.

王	珇	理	理	理

理致 - 이치 (이를 치)
理論 - 이론 (논할 론)

197

明 밝을 **명** 〔日8획〕

日:날 일, 月:달 월

해는 낮에(日) 달은(月) 밤에 빛을 내니 밝다.

Ⲛ	日	旫	明	明

明暗 - 명암 (어두울 암)
明白 - 명백 (흰 백)

198

目 눈 **목** 〔目5획〕

目:눈 목

눈의 모양을 본뜬 자.

丨	冂	冃	目	目

目標 - 목표 (표할 표)
目的 - 목적 (과녁 적)

199

聞 들을 **문** 〔耳14획〕

耳:귀 이, 門:문 문

귀는(耳) 소리를 듣는 문(門)이라는 점에서 듣다.

丆	門	閅	聞	聞

新聞 - 신문 (새 신)
見聞 - 견문 (볼 견)

200

米 쌀 **미** 〔米6획〕

十(사방), 八(쌀)

사방으로(十) 흩어진 쌀알(八).

丷	丷	半	米	米

玄米 - 현미 (검을 현)
白米 - 백미 (흰 백)

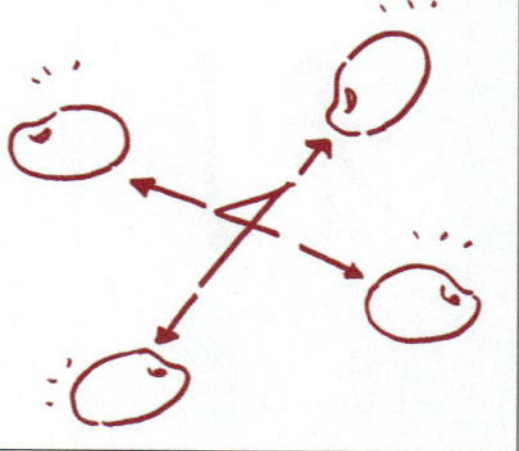

1 배정한자 196~200

理	明	目	聞	米
다스릴 리	밝을 명	눈 목	들을 문	쌀 미

2 훈음과 한자를 쓰시오.

보기

價格 / 가격 / 격식 격 → 價格 / 가격 / 값 가 / 격식 격

정 가 / 정할 정 → 定價 / 정 가 / 정할 정 / 값 가

理致 · 이 치 / 다스릴 리

理論 · 이론 / 논할 론

明暗 · 명암 / 밝을 명

明白 · 명백 / 흰 백

目標 · 목표 / 눈 목

目的 · 목적 / 과녁 적

新聞 · 신문 / 들을 문

見聞 · 견문 / 볼 견

玄米 · 현미 / 쌀 미

白米 · 백미 / 흰 백

이 치 / 이를 치

이론 / 다스릴 리

명암 / 어두울 암

명백 / 밝을 명

목표 / 표할 표

목적 / 눈 목

신문 / 새 신

견문 / 들을 문

현미 / 검을 현

백미 / 쌀 미

memo

3 ( ) 안에 훈음을 쓰시오.

> **보기**
>
> (값 가) (격식 격)
> 물건에 값을 매긴 것　價｜格　定｜價　(정할 정) (값　가)
> 일정한 금액으로 정한 가격

(　　　)(　　　)　理｜致　　理｜論　이치에 맞는 논리와 이론
사리에 맞는 논리　　　　　　　　　　　(　　　)(　　　)

(　　　)(　　　)　明｜暗　　明｜白　밝고 확실함.
어둡고 밝음.　　　　　　　　　　　　　(　　　)(　　　)

(　　　)(　　　)　目｜標　　目｜的　마음이 바라는 이익과 수단
희망하는 최고의 실천 사항　　　　　　　(　　　)(　　　)

(　　　)(　　　)　新｜聞　　見｜聞　사회의 일반적 상식
조간 석간의 신문　　　　　　　　　　　(　　　)(　　　)

(　　　)(　　　)　玄｜米　　白｜米　쌀을 하얗게 찧은 것.
속 껍질이 남은 건강미　　　　　　　　　(　　　)(　　　)

4 독음과 한자를 쓰시오.

理致	明暗	目標	新聞	玄米
이　론	명　백	목　적	견　문	백　미

5 한자를 쓰시오.

196 理 다스릴 리							
197 明 밝을 명							
198 目 눈 목							
199 聞 들을 문							
200 米 쌀 미							

 **배정한자 201~205 자원 풀이**

201 美	아름다울 **미** [羊9획] 羊-羊, 大:큰 대	양이(羊) 크면(大) 아름답다.	
	ㅱ 羊 羊 美 美	美國 - 미국 (나라 국) 美軍 - 미군 (군사 군)	

202 朴	성 **박** [木6획] 木:나무 목, 卜:점 복	거북의 등이(卜) 나무껍질(木)처럼 두터워 순박하다.	
	十 才 木 朴 朴	素朴 - 소박 (본디 소) 淳朴 - 순박 (맑을 순)	

203 班	나눌 **반** [王10획] 王(구슬), 刂:칼 도	구슬을(王) 칼로(刂) 잘라 나누니 둘이 되다.	
	王 玘 珏 珔 班	兩班 - 양반 (두 량) 班長 - 반장 (긴 장)	

204 反	돌이킬 **반** [又4획] 厂:바위 엄, 又:또 우	돌바위를(厂) 손으로(又) 뒤집어 다시 되돌아오게 함.	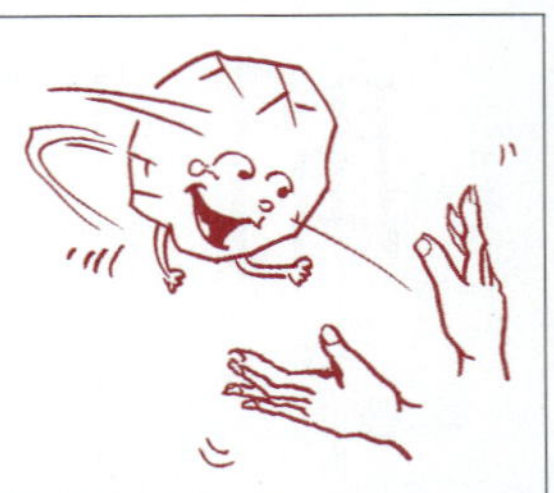
	一 厂 反 反 反	反省 - 반성 (살필 성) 反對 - 반대 (대할 대)	

205 半	반 **반** [十5획] 牛:소 우, 八:나눌 팔	소머리를(牛) 둘로 같게 갈라(八) 반으로 만든다.	
	八 ソ 半 半 半	半球 - 반구 (공 구) 半島 - 반도 (섬 도)	

1 배정한자 201~205

美	朴	班	反	半
아름다울 미	성 박	나눌 반	돌이킬 반	반 반

2 훈음과 한자를 쓰시오.

memo

3 ( ) 안에 훈음을 쓰시오.

보기

(값 가) (격식 격)
물건에 값을 매긴 것 | 價 | 格 | 定 | 價 (정할 정) (값 가)
일정한 금액으로 정한 가격

( ) ( )
아메리카 합중국 | 美 | 國 | | 美 | 軍 | 미국 군대, 주한 미군
( ) ( )

( ) ( )
검소하고 순박한 농촌 사람들 | 素 | 朴 | | 淳 | 朴 | 맑고 소박한 어촌 사람들
( ) ( )

( ) ( )
쌍놈, 양반 찾던 시대의 양반 계급 제도 | 兩 | 班 | | 班 | 長 | 양반 출신이 반장이 되다.
( ) ( )

( ) ( )
도리켜 생각해 보는 것. | 反 | 省 | | 反 | 對 | 의견에 반대하는 의사 표시
( ) ( )

( ) ( )
남반구 북반구의 지구의 양 구역 | 半 | 球 | | 半 | 島 | 우리 나라처럼 대륙에 붙은 지형
( ) ( )

4 독음과 한자를 쓰시오.

美 國	素 朴	兩 班	反 省	半 球
미 군	순 박	반 장	반 대	반 도

5 한자를 쓰시오.

6급 배정한자 206 ~ 210 자원 풀이

206

發

필 **발**　　　［癶12획］

癶(발), 殳:칠 수, 弓:활 궁

발을(癶) 뭉개고(殳) 서서 활을 (弓) 힘있게 쏜다.

ㄱ	癶	癶	發	發

發電 - 발전 (번개 전)
發達 - 발달 (통달할 달)

207

放

놓을 **방**　　　［攴8획］

方:모 방, 攴 - 攵

때려서(攵) 사방으로(方) 흩으러 놓는다.

亠	方	方	放	放

放學 - 방학 (배울 학)
放送 - 방송 (보낼 송)

208

番

차례 **번**　　　［田12획］

釆:발자국 변, 田:밭 전

밭에(田) 씨앗을 뿌리고 지나간 농부의 발자국(釆)의 차례.

千	平	釆	番	番

番號 - 번호 (이름 호)
缺番 - 결번 (이지러질 결)

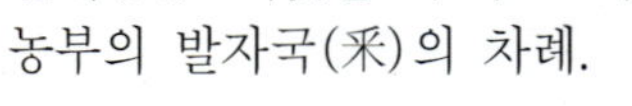

209

別

다를 **별**　　　［刀7획］

另:가를 별, 刂:칼 도

칼로(刂) 뼈와 살을 구별하여 나 누다(另).

口	口	另	別	別

別室 - 별실 (집 실)
別居 - 별거 (살 거)

210

病

병 **병**　　　［疒10획］

疒:병들 녁, 丙:밝을 병

병든 환자(疒)를 밤새워 불을 밝 혀(丙) 간호한다.

疒	疒	疒	病	病

病院 - 병원 (집 원)
病苦 - 병고 (쓸 고)

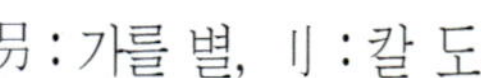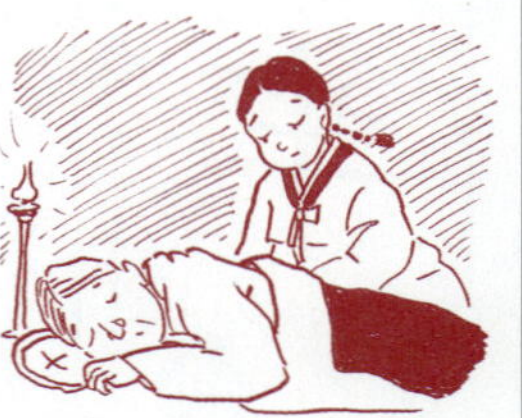

1 배정한자 206~210

發	放	番	別	病
필 발	놓을 방	차례 번	다를 별	병 병

2 훈음과 한자를 쓰시오.

보기

價格	→	價格			定價
가 격 / 격식 격		가 격 / 값 가 / 격식 격	정 가 / 정할 정	→	정 가 / 정할 정 / 값 가

發電 — 발 전 / 필 발

發達 — 발 달 / 통달할 달

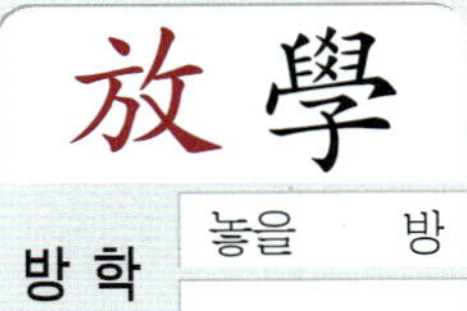
放學 — 방 학 / 놓을 방

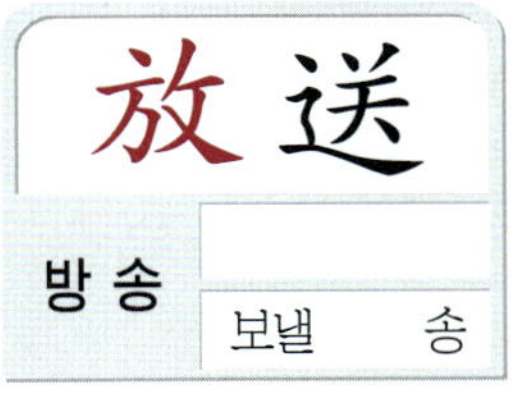
放送 — 방 송 / 보낼 송

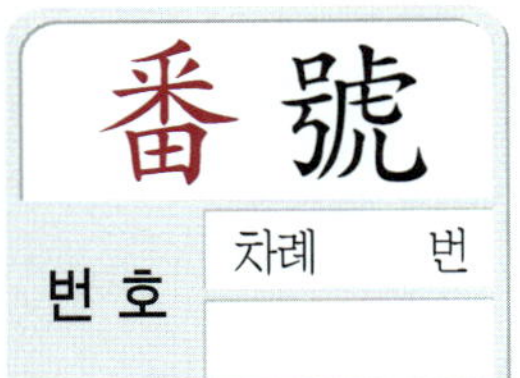
番號 — 번 호 / 차례 번

缺番 — 결 번 / 이지러질 결

別室 — 별 실 / 다를 별

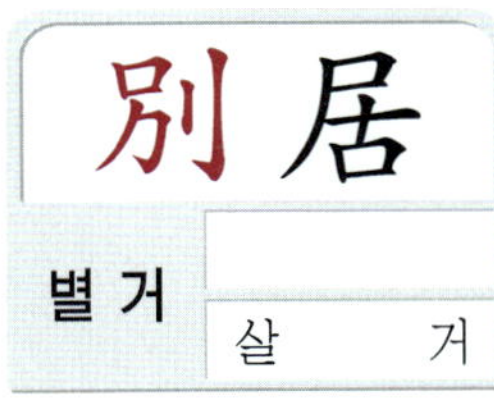
別居 — 별 거 / 살 거

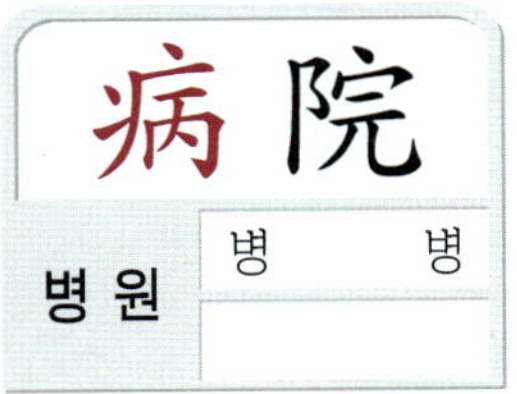
病院 — 병 원 / 병 병

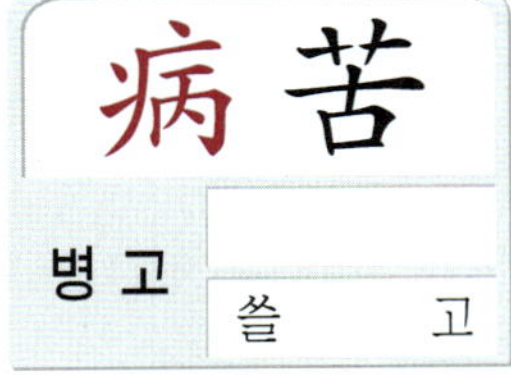
病苦 — 병 고 / 쓸 고

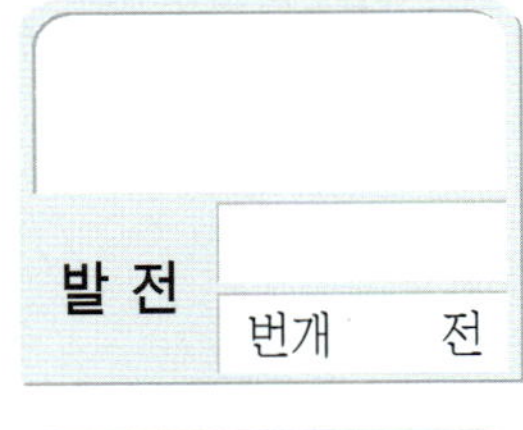
발 전 / 번개 전

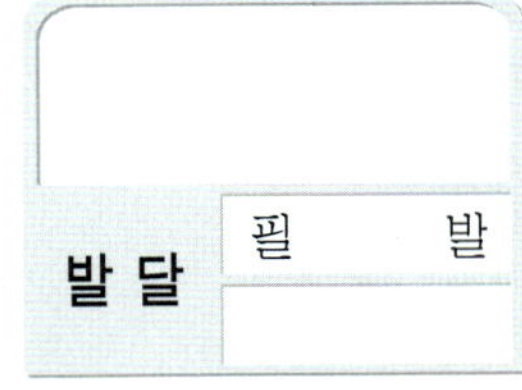
발 달 / 필 발

방 학 / 배울 학

방 송 / 놓을 방

번 호 / 이름 호

결 번 / 차례 번

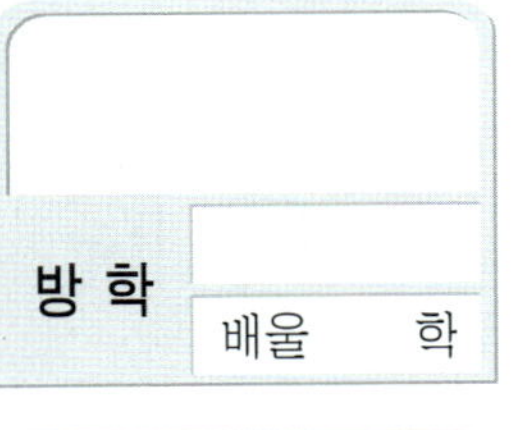
별 실 / 집 실

별 거 / 다를 별

병 원 / 집 원

병 고 / 병 병

3 ( ) 안에 훈음을 쓰시오.

보기

(값 가) (격식 격)
물건에 값을 매긴 것

價格　定價

(정할 정) (값 가)
일정한 금액으로 정한 가격

( )( )
화력, 수력, 원자력으로
전기를 발생시키는 것.

發電　發達

더 나은 방향으로 모든
것이 좋아지는 것.
( )( )

( )( )
봄, 여름, 겨울방학,
배움에서 벗어나는 것.

放學　放送

TV, 라디오 방송, 전파
를 송신하여 듣게 함.
( )( )

( )( )
차례를 매긴 번호, 전화
번호

番號　缺番

번호가 빠져 있는 것.
( )( )

( )( )
별개의 특별한 방

別室　別居

부부가 서로 따로 사는 것.
( )( )

( )( )
병을 치료하는 집

病院　病苦

병으로 고생하는 것.
( )( )

4 독음과 한자를 쓰시오.

發電	放學	番號	別室	病院
발 달	방 송	결 번	별 거	병 고

5 한자를 쓰시오.

206 發 / 필 / 발

207 放 / 놓을 / 방

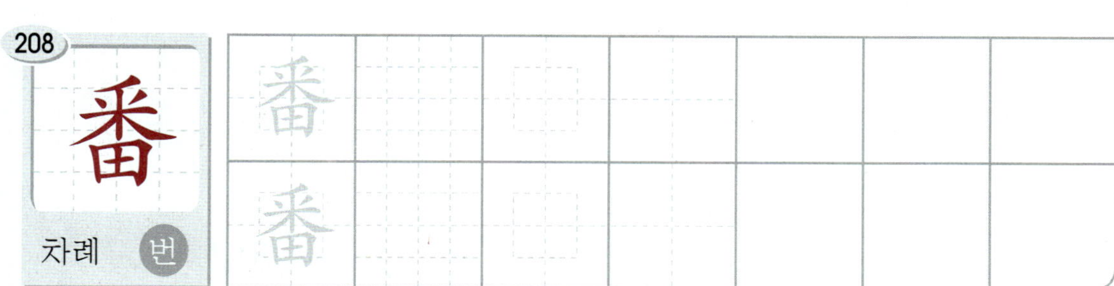

208 番 / 차례 / 번

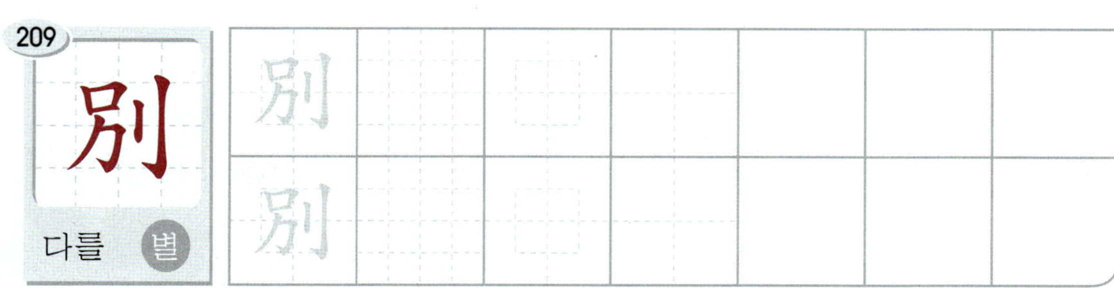

209 別 / 다를 / 별

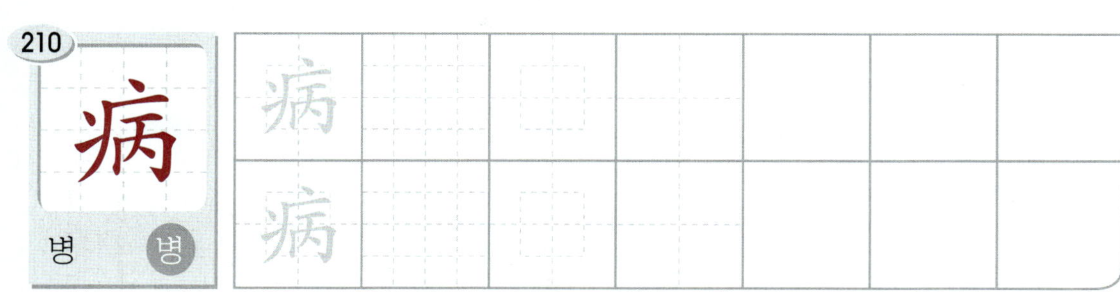

210 病 / 병 / 병

6급 배정한자 211 ~ 215 자원 풀이

211 服	옷 복 〔月8획〕 月-舟, 艮:다스릴 복	배에서(月) 선장에게 복종하듯 (艮) 옷은 몸에(月) 따른다.	
	刀 月 肌 服 服	校服 - 교복 (학교 교) 服裝 - 복장 (꾸밀 장)	

212 本	근본 본 〔木5획〕 木:나무 목, 一	나무의(木) 뿌리를 가리켜(一) 근본이란 뜻으로 쓰인다.	
	一 十 才 木 本	本能 - 본능 (능할 능) 本性 - 본성 (성품 성)	

213 部	떼 부 〔刀11획〕 咅:가를 부, 阝-邑	나라를 다스리기 쉽게 고을로 (阝) 가른(咅)데서 무리와 떼.	
	亠 立 咅 部 部	上部 - 상부 (윗 상) 部分 - 부분 (나눌 분)	

214 分	나눌 분 〔刀4획〕 刀:칼 도, 八:나눌 팔	칼로(刀) 사과를 반으로 나눈(八) 분수.	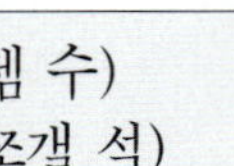
	丿 八 今 分 分	分數 - 분수 (셈 수) 分析 - 분석 (쪼갤 석)	

215 社	모일 사 〔示11획〕 土:흙 토, 示 (제사)	토신에게(土) 제사(示)지내러 사 람이 모인다.	
	干 示 示 社 社	會社 - 회사 (모일 회) 社長 - 사장 (어른 장)	

1 배정한자 211~215

服	本	部	分	社
옷 복	근본 본	떼 부	나눌 분	모일 사

2 훈음과 한자를 쓰시오.

3 ( ) 안에 훈음을 쓰시오.

보기

(값 가) (격식 격)
물건에 값을 매긴 것
價 格

定 價
(정할 정) (값 가)
일정한 금액으로 정한 가격

( )( )
학교의 단체 지정복, 교복 자유화
校 服

服 裝
의복의 차림.
( )( )

( )( )
본성적인 성질
本 能

本 性
근본이 되는 성품과 성질
( )( )

( )( )
윗부분
上 部

部 分
몇 개로 나눈 것 중 하나.
( )( )

( )( )
하나를 둘 이상으로 가른 수치
分 數

分 析
갈라 떼어서 꼼꼼히 따져 보는 것.
( )( )

( )( )
기업을 목적으로 설립한 사회 단체의 모임.
會 社

社 長
회사의 우두머리, 관리 책임자 대표이사
( )( )

4 독음과 한자를 쓰시오.

校服	本能	上部	分數	會社
복 장	본 성	부 분	분 석	사 장

5 한자를 쓰시오.

memo

6급 배정한자 216 ~ 220 자원 풀이

216 死

죽을 사 〔歹 6획〕

歹 : 뼈 알, 匕 (변화)

사람이 죽어 변하면(匕) 앙상한 뼈만(歹) 남는다.

一 歹 歹 死 死

死亡 - 사망 (망할 망)
死別 - 사별 (다를 별)

217 使

하여금 사 〔人 8획〕

亻-人, 吏 : 관리 리

윗사람이(亻) 아랫관리(吏)에게 일을 시켜 부리다.

亻 亻 仴 使 使

使臣 - 사신 (신하 신)
使命感 - 사명감 (목숨 명, 느낄 감)

218 書

글 서 〔日 10획〕

聿 : 붓 율, 日 (말)

사람의 입으로 전해 오는 말(日)을 붓으로(聿) 쓴 글.

コ ヨ 聿 晝 書

書店 - 서점 (가게 점)
書冊 - 서책 (책 책)

219 石

돌 석 〔石 5획〕

厂 : 굴바위 엄, 口 (돌)

굴바위(厂) 밑에 딩구는 돌(口).

一 丆 丆 石 石

石塔 - 석탑 (탑 탑)
石彫 - 석조 (새길 조)

220 席

자리 석 〔巾 10획〕

庐- 庶, 巾 (깔개)

뭇사람이(庶) 깔고 앉은 깔개(巾)의 자리. 좌석이 없어 입석을 사다.

广 庐 庐 庐 席

座席 - 좌석 (앉을 좌)
立席 - 입석 (설 립)

1 배정한자 216~220

死	使	書	石	席
죽을 사	하여금 사	글 서	돌 석	자리 석

2 훈음과 한자를 쓰시오.

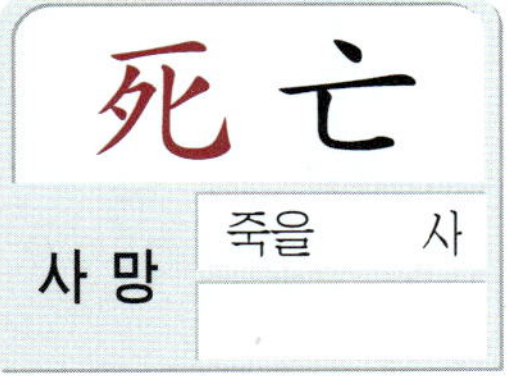
死亡
사 망   죽을 사

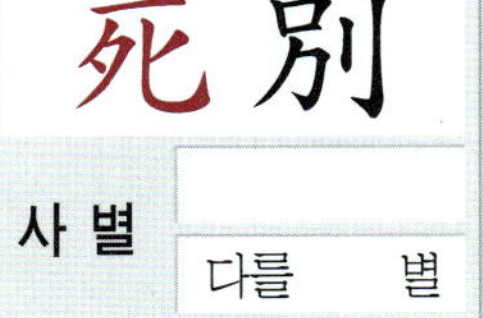
死別
사 별   다를 별

使臣
사 신   하여금 사

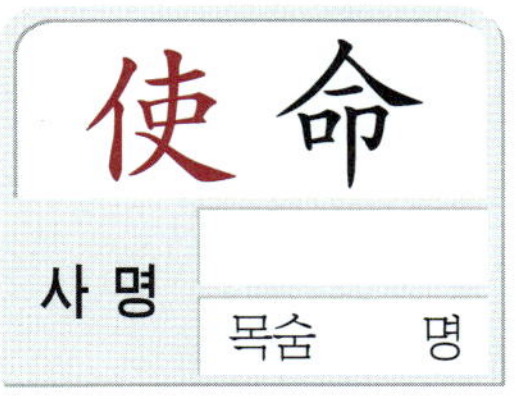
使命
사 명   목숨 명

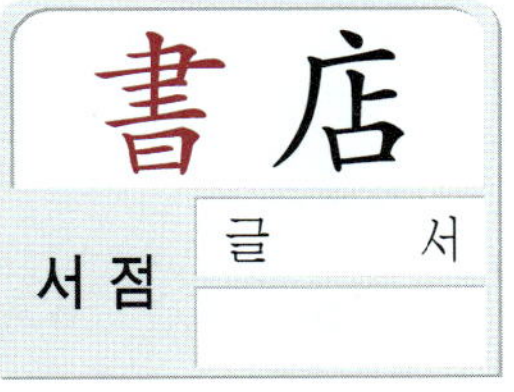
書店
서 점   글 서

書冊
서 책   책 책

石塔
석 탑   돌 석

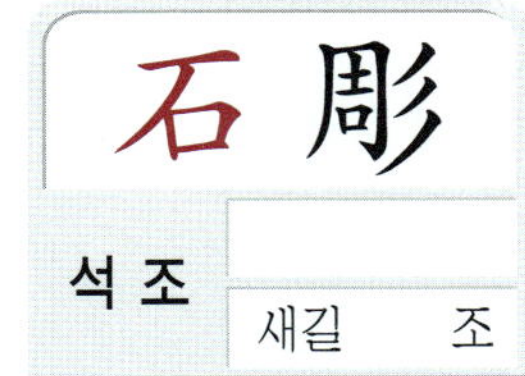
石彫
석 조   새길 조

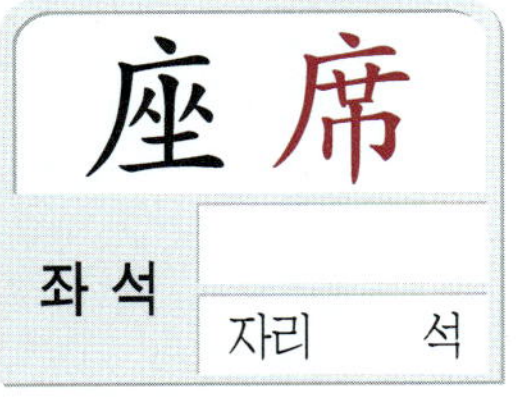
座席
좌 석   자리 석

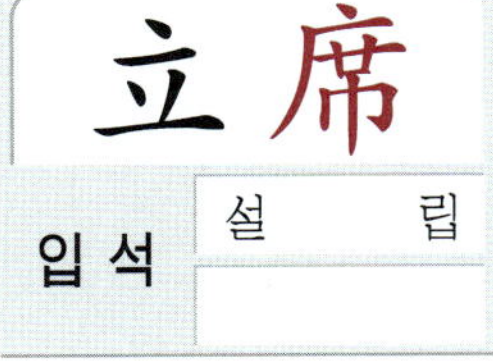
立席
입 석   설 립

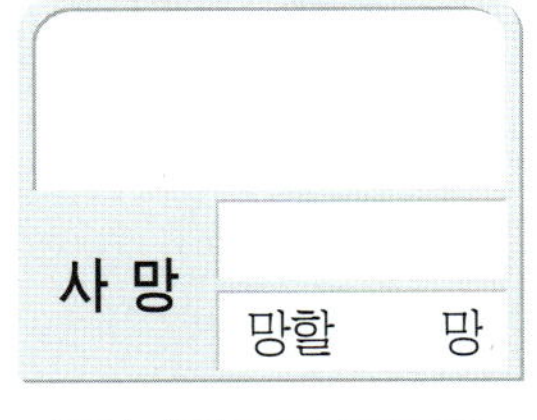
사 망   망할 망

사 별   죽을 사

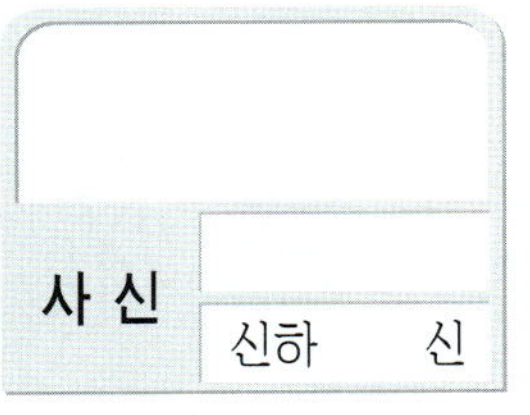
사 신   신하 신

사 명   하여금 사

서 점   가게 점

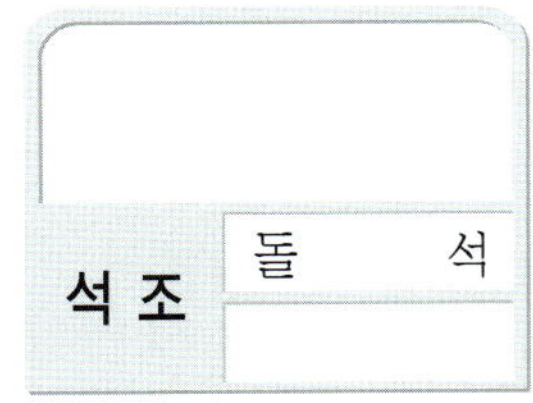
서 책   글 서

석 탑   탑 탑

석 조   돌 석

좌 석   앉을 좌

입 석   자리 석

3 ( ) 안에 훈음을 쓰시오.

보기

(값 가) (격식 격)
물건에 값을 매긴 것

價 格　定 價

(정할 정) (값　가)
일정한 금액으로 정한 가격

( )( )
사람이 죽음.

死 亡　死 別

죽음으로 인하여 서로
헤어짐.
( )( )

( )( )
외교사절로 파견된 신하

使 臣　使 命

부여받은 책임감
( )( )

( )( )
책을 파는 대형 서점

書 店　書 冊

글로 쓴 책
( )( )

( )( )
돌로 세워진 탑

石 塔　石 彫

돌을 조각하여 만드는
작품
( )( )

( )( )
앉는 자리, 좌석 버스

座 席　立 席

좌석이 없어 서서 가게
되는 입석
( )( )

4 독음과 한자를 쓰시오.

死亡	使臣	書店	石塔	座席
사　별	사　명	서　책	석　조	입　석

5 한자를 쓰시오.

216 死 죽을 사

217 使 하여금 사

218 書 글 서

219 石 돌 석

220 席 자리 석

6급 배정한자 221～225 자원 풀이

221

線 | 줄 **선** 〔糸 15획〕

糸 : 실 사, 泉 : 샘 천

실같이(糸) 길게 흘러내리는 샘의(泉) 줄기.

糸 紵 紵 紵 線

線路 - 선로 (길 로)
直線 - 직선 (곧을 직)

222

雪 | 눈 **설** 〔雨 11획〕

雨 : 비 우, ㅋ : 손-又

비가(雨) 얼어서 내리는 눈발을 손으로(ㅋ) 받는다.

尸 干 雫 雪 雪

雪峰 - 설봉 (봉우리 봉)
雪景 - 설경 (볕 경)

223

省 | 살필 **성** 〔目 9획〕

少 : 적을 소, 目 : 눈 목

적은 것(少)까지도 자세히 보아(目) 살피다.

小 少 岁 省 省

一日三省 - 일일삼성
(한 일, 날 일, 석 삼)

224

成 | 이룰 **성** 〔戈 7획〕

戊 : 무성할 무, 丁 : 장정 정

무성한(戊) 나무처럼 장정이(丁) 목적을 이룬다.

厂 厈 成 成 成

成果 - 성과 (실과 과)
成功 - 성공 (공 공)

225

消 | 사라질 **소** 〔水 10획〕

肖 (작을 초), 氵- 水

물이(氵) 줄어들어(肖) 없어지니 사라진다로 쓰임.

氵 氵 沪 消 消

消滅 - 소멸 (멸할 멸)
消耗 - 소모 (줄 모)

1 배정한자 221~225

線	雪	省	成	消
줄 선	눈 설	살필 성	이룰 성	사라질 소

2 훈음과 한자를 쓰시오.

보기

價格	→	價格		정할 정	→	定價
가격 / 격식 격		가격 / 값 가 / 격식 격	정가 / 정할 정		정가 / 정할 정 / 값 가

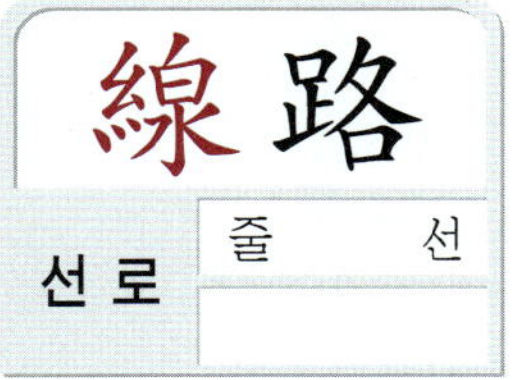
線路　선로 / 줄 선

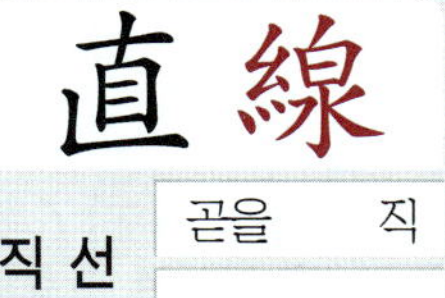
直線　직선 / 곧을 직

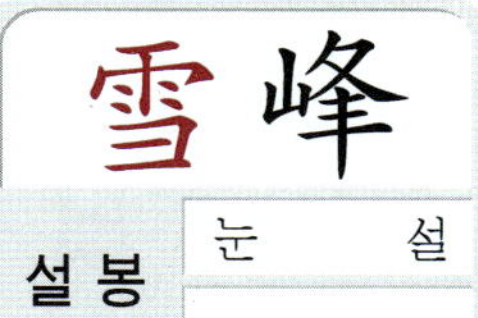
雪峰　설봉 / 눈 설

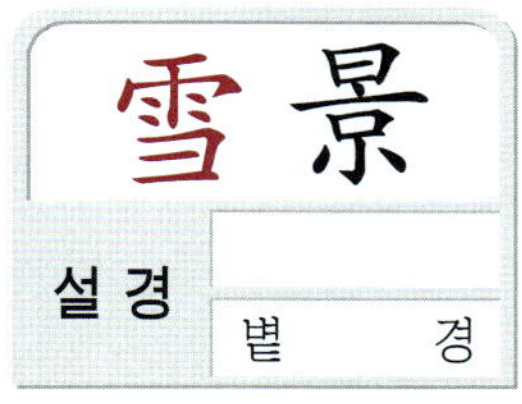
雪景　설경 / 볕 경

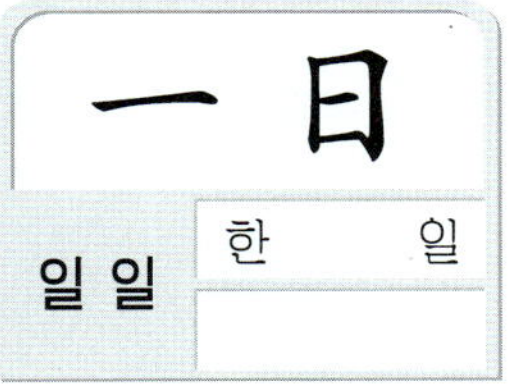
一日　일일 / 한 일

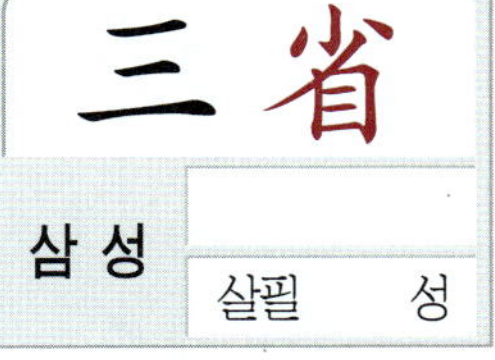
三省　삼성 / 살필 성

成果　성과 / 이룰 성

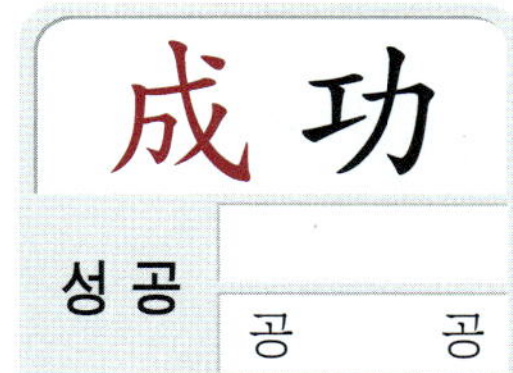
成功　성공 / 공 공

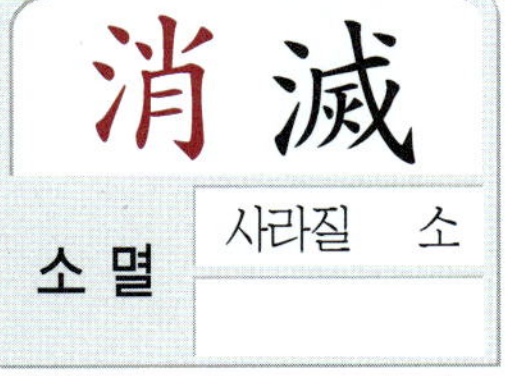
消滅　소멸 / 사라질 소

消耗　소모 / 줄 모

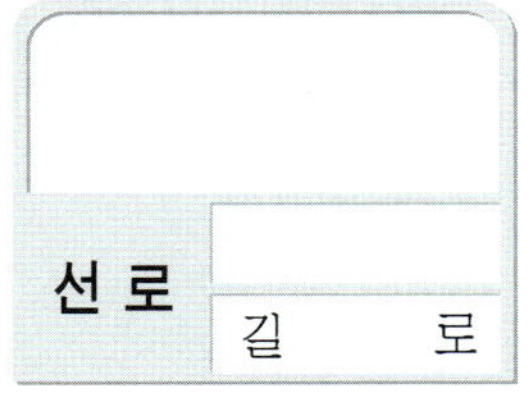
선로 / 길 로

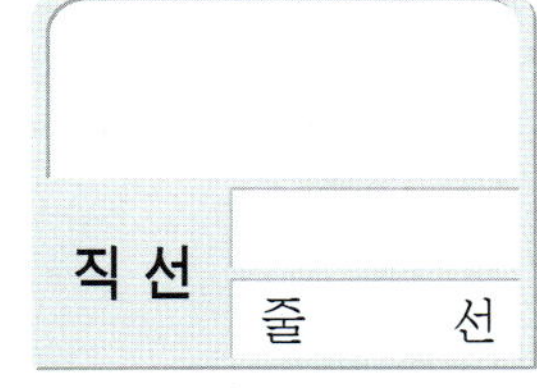
직선 / 줄 선

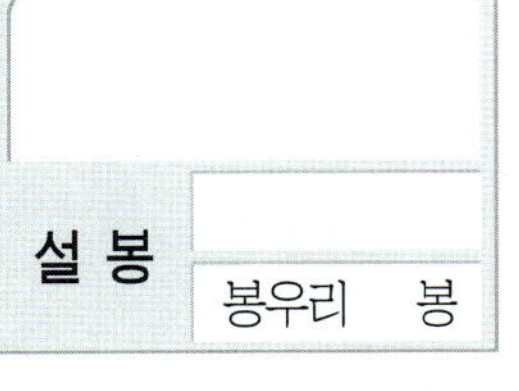
설봉 / 봉우리 봉

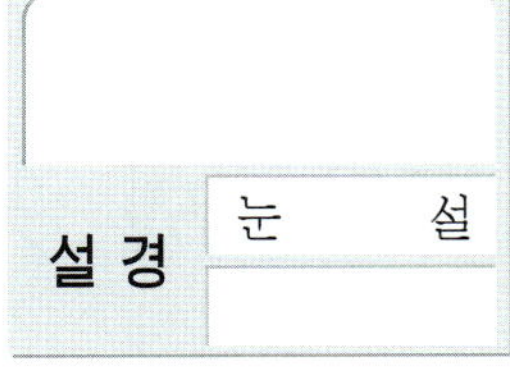
설경 / 눈 설

일일 / 날 일

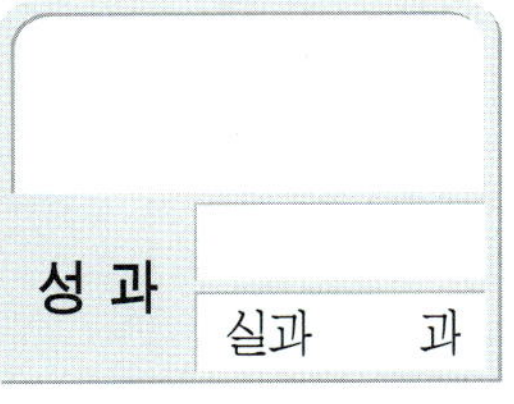
삼성 / 석 삼

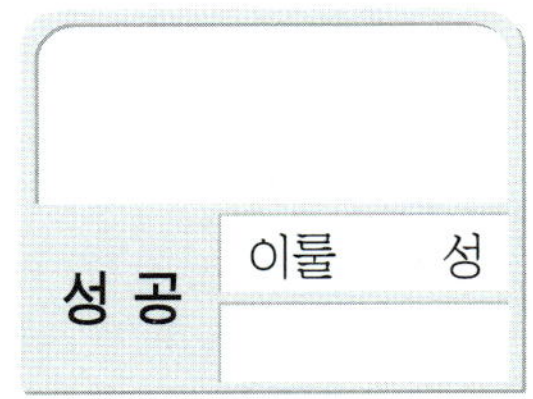
성과 / 실과 과

성공 / 이룰 성

소멸 / 멸할 멸

소모 / 사라질 소

3 ( ) 안에 훈음을 쓰시오.

> **보기**
>
> (값 가) (격식 격) 價 格　定 價 (정할 정) (값 가)
> 물건에 값을 매긴 것　　　　　　　일정한 금액으로 정한 가격

( )( ) 線 路　直 線 똑 바로 그어진 선
기차 레일 위로 다니는 것,　　　　　( )( )
선로 보수 공사

( )( ) 雪 峰　雪 景 눈이 내린 자연의 경치
눈이 내린 봉우리　　　　　　　　　( )( )

( )( ) 一 日　三 省 옛날 선비는 일일삼성으
하루에 세 번씩 반성하는 것.　　　　로 인격도야
　　　　　　　　　　　　　　　　　( )( )

( )( ) 成 果　成 功 어떤 일을 이루어 내는 것.
성공된 결과의 효과　　　　　　　　( )( )

( )( ) 消 滅　消 耗 써서 살아져 없어짐.
멸하여 없어지는 것.　　　　　　　　( )( )

4 독음과 한자를 쓰시오.

線 路	雪 峰	一 日	成 果	消 滅
직 선	설 경	삼 성	성 공	소 모

5 한자를 쓰시오.

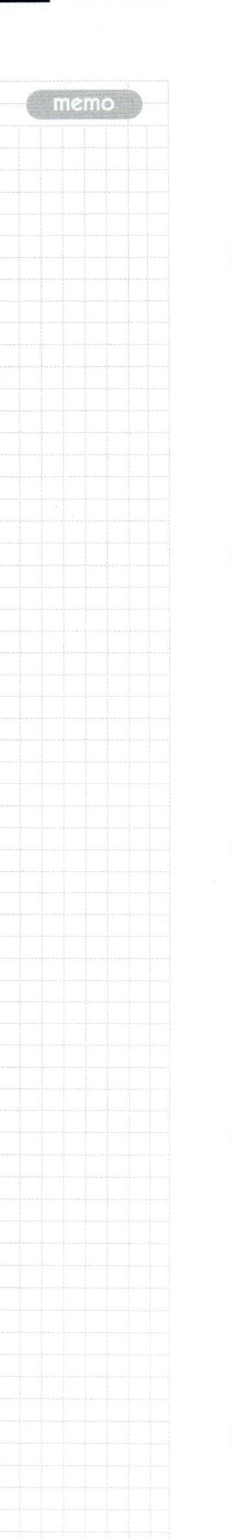

226 速

빠를 속　〔辶 11획〕

束 : 묶을 속, 辶=辵

약속을(束) 지키기 위하여 빠른 속도로 달려간다(辶).

束	宋	束	涑	速

速報 - 속보 (알릴 보)
速成 - 속성 (이룰 성)

227 孫

손자 손　〔子 10획〕

子 : 아들 자, 系 : 이을 계

손자·손녀로 자식을(子) 이어가다(系).

了	孑	孫	孫	孫

孫子 - 손자 (아들 자)
孫女 - 손녀 (계집 녀)

228 樹

나무 수　〔木 16획〕

木 : 나무 목, 尌 : 세울 주

나무를(木) 세워서(尌) 심는다.

木	桂	桔	樹	樹

樹林 - 수림 (수풀 림)
樹液 - 수액 (진 액)

229 術

재주 술　〔行 11획〕

行 : 다닐 행, 朮 (삽주뿌리)

사람이 살아가는(行) 길이 삽주 뿌리(朮)처럼 여러 갈래의 재주로 산다.

彳	往	祊	術	術

技術 - 기술 (재주 기)
美術 - 미술 (아름다울 미)

230 習

익힐 습　〔羽 11획〕

羽 : 깃 우, 白 : 흰 백

어린 새가 날기 위해 깃(羽)을 여러 번(白) 쳐 익힌다.

羽	羽	習	習	習

練習 - 연습 (익힐 련)
見習 - 견습 (볼 견)

memo

1 배정한자 226~230

速	孫	樹	術	習
빠를 속	손자 손	나무 수	재주 술	익힐 습

2 훈음과 한자를 쓰시오.

보기

價格 / 가격 / 격식 격 → 價格 / 가격 / 값 가 / 격식 격

□ / 정 가 / 정할 정 → 定價 / 정 가 / 정할 정 / 값 가

速報 / 속 보 / 빠를 속

速成 / 속 성 / 이룰 성

孫子 / 손 자 / 손자 손

孫女 / 손 녀 / 계집 녀

樹林 / 수 림 / 나무 수

樹液 / 수 액 / 진 액

技術 / 기 술 / 재주 술

美術 / 미 술 / 아름다울 미

練習 / 연 습 / 익힐 습

見習 / 견 습 / 볼 견

속 보 / 알릴 보

속 성 / 빠를 속

손 자 / 아들 자

손 녀 / 손자 손

수 림 / 수풀 림

수 액 / 나무 수

기 술 / 재주 기

미 술 / 재주 술

연 습 / 익힐 련

견 습 / 익힐 습

memo

3 ( ) 안에 훈음을 쓰시오.

보기

(값 가) (격식 격)
물건에 값을 매긴 것   價 格   定 價   (정할 정) (값 가)
일정한 금액으로 정한 가격

(   )(   )
소식을 빨리 알리는 것.   速 報   速 成   빨리 키우고 이루어 내는 것.
(   )(   )

(   )(   )
귀여운 손자, 손녀   孫 子   孫 女   손자, 손녀의 재롱
(   )(   )

(   )(   )
나무가 우거진 수풀   樹 林   樹 液   나무의 진액
(   )(   )

(   )(   )
재주와 기술, 숙련된 재주   技 術   美 術   그림을 그리는 예술
(   )(   )

(   )(   )
습득하기 위하여 수련
하는 것.   練 習   見 習   견습생이 연습하다.
(   )(   )

4 독음과 한자를 쓰시오.

速 報	孫 子	樹 林	技 術	練 習
속 성	손 녀	수 액	미 술	견 습

5 한자를 쓰시오.

6급 배정한자 231 ~ 235 자원 풀이

231 勝

이길 승　〔力 12획〕

朕 : 틈 짐, 力 : 힘 력

月　月　朕　朕　勝

배의 틈새로(朕) 솟아오르는 물을 힘써(力) 막아 이겨냄.

勝利 - 승리 (이할 리)
勝者 - 승자 (놈 자)

232 始

비로소 시　〔女 8획〕

女 : 계집 녀, 台 : 기를 이

女　女　始　始　始

여자가(女) 애기를 배어 기르니(台) 인생의 시작이다.

始動 - 시동 (움직일 동)
始作 - 시작 (지을 작)

233 式

법 식　〔弋 6획〕

工 : 장인 공, 弋 : 주살 익

一　二　工　式　式

목공이 기구를 만들 때(工) 자로 재고 먹물로 표(弋)하는 법식.

格式 - 격식 (격식 격)
方式 - 방식 (모 방)

234 神

귀신 신　〔示 10획〕

申 : 펼 신, 礻(신)

礻　礻　初　神　神

만물을 펴내고(申) 복과 화를 내리는 신(礻).

神父 - 신부 (아비 부)
神聖 - 신성 (성인 성)

235 身

몸 신　〔身 7획〕

自 - 身 (제부수)

亻　勹　自　身　身

아이를 밴(身 - 자) 자신의 몸을 가리켜(丿) 된 자.

身體 - 신념 (몸 체)
身檢 - 신검 (검사할 검)

1 배정한자 231~235

勝	始	式	神	身
이길 승	비로소 시	법 식	귀신 신	몸 신

2 훈음과 한자를 쓰시오.

memo

3 ( ) 안에 훈음을 쓰시오.

보기

(값 가) (격식 격)
물건에 값을 매긴 것   價 格   定 價   (정할 정) (값 가)
일정한 금액으로 정한 가격

(   ) (   )
싸움에서 이기는 것.   勝 利   勝 者   이긴 사람, 승자의 쾌감
(   ) (   )

(   ) (   )
움직여 시작함.   始 動   始 作   처음 일을 시작함, 공부
를 시작하다.
(   ) (   )

(   ) (   )
어떤 형식을 취하는 것.   格 式   方 式   고정된 방법의 예
(   ) (   )

(   ) (   )
천주교 신부님   神 父   神 聖   신부의 직책은 신성하다.
(   ) (   )

(   ) (   )
몸의 전체부를 말함,
신체 건강한 사나이   身 體   身 檢   신체를 검사하는 것.
(   ) (   )

4 독음과 한자를 쓰시오.

勝 利	始 動	格 式	神 父	身 體
승 자	시 작	방 식	신 성	신 검

5 한자를 쓰시오.

memo

231	勝 이길 (승)
232	始 비로소 (시)
233	式 법 (식)
234	神 귀신 (신)
235	身 몸 (신)

배정한자 236 ～ 240 자원 풀이

236

信 | 믿을 신 [人 9획] | 사람의(亻) 말이(言) 마음의 소리라 참되게 믿다.
人-亻, 言 : 말씀 언

亻 亻 信 信 信

信念 - 신념 (생각 념)
信望 - 신망 (바랄 망)

237

新 | 새 신 [斤 13획] | 도끼로(斤) 벤 자리에(辛) 새싹이(㐄) 돋아나다.
辛 : 매울 신, 斤 : 도끼 근

立 亲 新 新 新

新聞 - 신문 (들을 문)
新曲 - 신곡 (굽을 곡)

288

失 | 잃을 실 [大 5획] | 손에서(㐅) 물건이 곡선(乀)을 그으며 떨어져 나가 잃다.
㐅-手, 乀-乙

丿 丿 二 失 失

失格 - 실격 (격식 격)
失望 - 실망 (바랄 망)

239

愛 | 사랑 애 [心 13획] | 애기를 손으로 (爫) 싸(冖)안으니 사랑하는 마음이(心) 따른다(夊).
炁 : 친할 애, 夊 (뒤져오다)

爫 爫 炁 愛 愛

愛情 - 애정 (뜻 정)
愛憎 - 애증 (미울 증)

240

野 | 들 야 [里 11획] | 사람에게 곡식을 키워 주는(予) 논과(土) 밭의(田) 들.
里 : 논 밭, 予 : 줄 여

日 甲 野 野 野

野外 - 야외 (바깥 외)
野遊會 - 야유회 (놀 유)

1 배정한자 236~240

信	新	失	愛	野
믿을 신	새 신	잃을 실	사랑 애	들 야

2 훈음과 한자를 쓰시오.

信念
신념 믿을 신

信望
신망 바랄 망

新聞
신문 새 신

新曲
신곡 굽을 곡

失格
실격 잃을 실

失望
실망 바랄 망

愛情
애정 사랑 애

愛憎
애증 미울 증

野外
야외 들 야

野遊
야유 놀 유

신념 생각 념

신망 믿을 신

신문 들을 문

신곡 새 신

실격 격식 격

실망 잃을 실

애정 뜻 정

애증 사랑 애

야외 바깥 외

야유 들 야

memo

3 ( ) 안에 훈음을 쓰시오.

보기

(값 가) (격식 격)
물건에 값을 매긴 것　價格　定價　(정할 정) (값 가)
일정한 금액으로 정한 가격

(　　　)(　　　)
확실하게 믿는 마음.　信念　信望　장래가 촉망되고 신의가 있음.
(　　　)(　　　)

(　　　)(　　　)
조간 신문이 배달되다.　新聞　新曲　신곡 발표회
(　　　)(　　　)

(　　　)(　　　)
격식과 품위를 잃음.　失格　失望　바라던 바가 안 되어 기대를 저버리다.
(　　　)(　　　)

(　　　)(　　　)
사랑하는 서로의 정　愛情　愛憎　사랑하고 미워함.
(　　　)(　　　)

(　　　)(　　　)
바깥 들에서 하는
야외 공연　野外　野遊　들에서 소풍하고 노는 것.
(　　　)(　　　)

4 독음과 한자를 쓰시오.

信念	新聞	失格	愛情	野外
신　망	신　곡	실　망	애　증	야　유

5 한자를 쓰시오.

236	信 믿을 (신)
237	新 새 (신)
238	失 잃을 (실)
239	愛 사랑 (애)
240	野 들 (야)

6급 배정한자 241～245 자원 풀이

241

夜

밤 야　　〔夕 8획〕

宀-亦, 夕:저녁 석

해가 져(夕) 또(宀) 밤이 온다.

亠　亠　夜　夜　夜

夜間 - 야간 (사이 간)
夜勤 - 야근 (부지런할 근)

242

藥

약 약　　〔艹 19획〕

艹:풀 초, 樂:즐거울 락

사람에게 즐겁게 하여(樂) 병이 낫는 산초(艹)의 약.

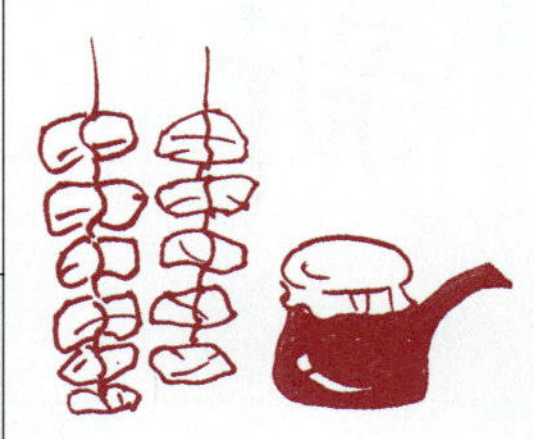

艹　茲　兹　蕐　藥

藥局 - 약국 (판 국)
藥效 - 약효 (본받을 효)

243

弱

약할 약　　〔弓 10획〕

弓:활 궁, 羽:깃 우

새의 깃이(羽) 활(弓)처럼 꺾여져 약하다.

弓　弓　弱　弱　弱

弱者 - 약자 (놈 자)
弱點 - 약점 (점 점)

244

陽

볕 양　　〔阜 12획〕

阝-邑, 昜:볕 양

햇볕이(昜) 잘 드는 산언덕(阝) 남쪽.

阝　阽　阼　陽　陽

太陽 - 태양 (클 태)
陽地 - 양지 (땅 지)

245

洋

큰바다 양　　〔水 9획〕

氵-水, 羊:양 양

바닷물이(氵) 양 떼(羊)의 물결처럼 희다.

氵　氵　氵　洋　洋

五大洋 - 오대양 (큰 대)
遠 洋 - 원양 (멀 원)

1 배정한자 241~245

夜	藥	弱	陽	洋
밤 야	약 약	약할 약	볕 양	큰 바다 양

2 훈음과 한자를 쓰시오.

memo

3 ( ) 안에 훈음을 쓰시오.

> **보기**
>
> (값 가) (격식 격) 價 格   定 價 (정할 정) (값 가)
> 물건에 값을 매긴 것   일정한 금액으로 정한 가격

(   )(   )　夜 間　　夜 勤　야간 근무
밤시간 일함.　　　　　　　　　　　　(   )(   )

(   )(   )　藥 局　　藥 效　약의 효과
약을 파는 점포　　　　　　　　　　(   )(   )

(   )(   )　弱 者　　弱 點　단점, 허술한 점, 약한 점
약한 쪽의 사람　　　　　　　　　　(   )(   )

(   )(   )　太 陽　　陽 地　햇볕이 비치는 곳
햇볕을 보내는 해　　　　　　　　　(   )(   )

(   )(   )　大 洋　　遠 洋　먼 바다, 원양 어업
큰 바다　　　　　　　　　　　　　　(   )(   )

4 독음과 한자를 쓰시오.

夜 間	藥 局	弱 者	太 陽	大 洋
야　근	약　효	약　점	양　지	원　양

5 한자를 쓰시오.

241 夜 밤 야

夜
夜

242 藥 약 약

藥
藥

243 弱 약할 약

弱
弱

244 陽 볕 양

陽
陽

245 洋 큰바다 양

洋
洋

6급 배정한자 246 ~ 250 자원 풀이

246 言	말씀 언 [言 7획] 言-辛, 辛:찌를 건, 口 (말)	생각한 것을 곧바로(言) 찔러 말하다(口).	
	一 亠 三 言 言	言辯 - 언변 (말씀 변) 言語 - 언어 (말씀 어)	

247 業	업 업 [木 13획] 丵:풀무성할 착, 木:나무 목	나무에(木) 풀을 무성히 걸어(丵) 조각널을 만드는 업.	
	丷 业 业 業 業	業體 - 업체 (몸 체) 職業 - 직업 (직분 직)	

248 永	길 영 [水 5획] 水:물 수, 丶(더욱)	강물이 꼬부라져(水) 더욱(丶) 긴 모양을 나타냄.	
	丶 氵 永 永 永	永久 - 영구 (오랠 구) 永生 - 영생 (날 생)	

249 英	꽃부리 영 [艸 9획] 艹:풀 초, 央:가운데 앙	초목(艹)에 가장 아름답게 보이는 꽃의 중심부(央).	
	艹 芯 苎 英 英	英才敎育 - 영재교육 (재주 재, 가르칠 교, 기를 육)	

250 溫	따뜻할 온 [水 13획] 氵-水 血 (그릇), 囚 (죄수)	그릇에(血) 따뜻한 물을(氵) 죄수(囚)에게 주다.	
	氵 汩 汩 溫 溫	溫湯 - 온탕 (끓을 탕) 溫氣 - 온기 (기운 기)	

1 배정한자 246~250

言	業	永	英	溫
말씀 언	업 업	길 영	꽃부리 영	따뜻할 온

2 훈음과 한자를 쓰시오.

보기

價格	→	價格			定價
가격 격식 격		가격 값 가 / 격식 격	정가 정할 정	→	정가 정할 정 / 값 가

言辯
언변 — 말씀 언

言語
언어 — 말씀 어

業體
업체 — 업 업

職業
직업 — 직분 직

永久
영구 — 길 영

永生
영생 — 날 생

英才
영재 — 꽃부리 영

敎育
교육 — 기를 육

溫湯
온탕 — 따뜻할 온

溫氣
온기 — 기운 기

언변 — 말씀 변

언어 — 말씀 언

업체 — 몸 체

직업 — 업 업

영구 — 오랠 구

영생 — 길 영

영재 — 재주 재

교육 — 기를 육

온탕 — 끓을 탕

온기 — 따뜻할 온

3 ( ) 안에 훈음을 쓰시오.

보기

(값 가) (격식 격)
물건에 값을 매긴 것 　價 格　　定 價　(정할 정) (값 가)
일정한 금액으로 정한 가격

( ) ( )
말 잘하는 솜씨 　言 辯　　言 語　말로 서로 통하는 것,
언어로 의사소통
( ) ( )

( ) ( )
업을 하는 한 회사 　業 體　　職 業　직장으로 삼고 다니는
업무상 직책
( ) ( )

( ) ( )
끝없는 오랜 세월 　永 久　　永 遠　영원한 생명
( ) ( )

( ) ( )
천재를 길러내는 교육 　英 才　　教 育　가르쳐 길러냄.
( ) ( )

( ) ( )
따뜻한 목욕탕 　溫 湯　　溫 氣　따뜻한 기운
( ) ( )

4 독음과 한자를 쓰시오.

言辯	業體	永久	英才	溫湯
언 어	직 업	영 원	교 육	온 기

5 한자를 쓰시오.

246	言 말씀 언
247	業 업 업
248	永 길 영
249	英 꽃부리 영
250	溫 따뜻할 온

memo

 **6급 배정한자 251 ~ 255 자원 풀이**

| 251 | 勇 | 날랠 **용** [力 9획]
甬:샘솟을 용, 力:힘 력 | 샘물이(甬) 힘(力) 있게 솟아 날래게 쏟아내다. |  |
| | | ㄱ 丒 甬 甬 勇 | 勇猛 - 용맹 (사나울 맹)
勇氣 - 용기 (기운 기) | |

| 252 | 用 | 쓸 **용** [用 5획]
冂(거북 등), 丰:많은 금 | 거북 등에(冂) 많은 금(丰)은 점괘를 내는 데 쓰인다. |  |
| | | 冂 月 月 用 用 | 用具 - 용구 (갖출 구)
用途 - 용도 (길 도) | |

| 253 | 運 | 옮길 **운** [辵 13획]
軍:군사 군, 辵-辶 | 군사들이(軍) 전차를 몰고 간다(辶). |  |
| | | ㄱ 冖 宣 軍 運 | 運轉 - 운전 (구를 전)
運送 - 운송 (보낼 송) | |

| 254 | 園 | 동산 **원** [囗 13획]
袁:옷치렁거릴 원, 囗(울타리) | 열매가 치렁거리는(袁) 동산의 울타리(囗). |  |
| | | 冂 禸 禸 園 園 | 公園 - 공원 (공평할 공)
庭園 - 정원 (뜰 정) | |

| 255 | 遠 | 멀 **원** [辶 14획]
袁:옷 길 원, 辶-辵 | 긴옷을(袁) 창겨 입고 먼길을 떠나는(辶) 나그네. |  |
| | | 土 吉 吉 袁 遠 | 遠近 - 원근 (가까울 근)
遠隔 - 원격 (사이뜰 격) | |

1 배정한자 251~255

勇	用	運	園	遠
날랠 용	쓸 용	옮길 운	동산 원	멀 원

2 훈음과 한자를 쓰시오.

보기

價格	→	價格		定價
가 격 / 격식 격		가 격 / 값 가 / 격식 격	정 가 / 정할 정 →	정 가 / 정할 정 / 값 가

勇猛 용 맹 / 날랠 용

勇氣 용 기 / 기운 기

用具 용 구 / 쓸 용

用途 용 도 / 길 도

運轉 운 전 / 옮길 운

運送 운 송 / 보낼 송

公園 공 원 / 동산 원

庭園 정 원 / 뜰 정

遠近 원 근 / 멀 원

遠隔 원 격 / 사이뜰 격

용 맹 / 사나울 맹

용 기 / 날랠 용

용 구 / 갖출 구

용 도 / 쓸 용

운 전 / 구를 전

운 송 / 옮길 운

공 원 / 공평할 공

정 원 / 동산 원

원 근 / 가까울 근

원 격 / 멀 원

memo

3 ( ) 안에 훈음을 쓰시오.

보기

| (값 가) (격식 격)
물건에 값을 매긴 것 | 價 格 | 定 價 | (정할 정) (값 가)
일정한 금액으로 정한 가격 |

( ) ( )
짐승처럼 사납고, 용기가
있음.
勇 猛　　勇 氣
샘 솟는 기운
( ) ( )

( ) ( )
갖추어야 할 도구
用 具　　用 途
용구의 쓰이는 곳
( ) ( )

( ) ( )
자동차 운전
運 轉　　運 送
손수 운전하여 운송하다.
( ) ( )

( ) ( )
여러 사람이 공동으로
사용하는 정원
公 園　　庭 園
가정의 뜰, 궁궐의 뜰
( ) ( )

( ) ( )
멀고 가까움.
遠 近　　遠 隔
먼거리의 간격
( ) ( )

4 독음과 한자를 쓰시오.

勇 猛	用 具	運 轉	公 園	遠 近
용 기	용 도	운 송	정 원	원 격

5 한자를 쓰시오.

251		
勇		
날랠 용		

252		
用		
쓸 용		

253		
運		
옮길 운		

254		
園		
동산 원		

255		
遠		
멀 원		

memo

 6급 **배정한자 256 ~ 260 자원 풀이**

| 256 油 | 기름 **유** [水 8획]
氵-水, 由 : 지날 유 | 용수같은 여과 장치를 거쳐(由) 나온 액체(氵). |  |
| 氵 氵 汩 油 油 | | 油田 - 유전 (밭 전)
石油 - 석유 (돌 석) | |

| 257 由 | 말미암을 **유** [田 5획]
由 (유, 용수 치) | 용수(由) 열매가 매달린 모양과 싹이트는 모양(由). |  |
| ㅣ 冂 日 由 由 | | 自由主義 - 자유주의
(스스로 자, 주인 주, 옳을 의) | |

| 258 銀 | 은 **은** [金 14획]
金 : 쇠 금, 艮 : 그칠 간 | 눈을 굴릴 때(艮) 흰자위가 보이듯 쇠의(金) 끝이(艮) 흰 은. |  |
|  ㅅ 牟 金 鈤 銀 | | 銀行 - 은행 (다닐 행)
銀賞 - 은상 (상줄 상) | |

| 259 飮 | 마실 **음** [食 13획]
食 : 밥 식, 欠 : 하품 흠 | 입을 크게 벌리고(欠) 물이나 술 따위를 마신다(食). |  |
| ㅅ 숙 숟 飮 飮 | | 飮酒運轉 - 음주운전
(술 주, 옮길 운, 구를 전) | |

| 260 音 | 소리 **음** [音 9획]
立 : 설 립, 日 - 口 | 음색을(日) 갖춘(立) 음악의 소리. |  |
| 亠 立 立 音 音 | | 音樂 - 음악 (노래 악)
音盤 - 음반 (소반 반) | |

1 배정한자 256~260

油	由	銀	飮	音
기름 유	말미암을 유	은 은	마실 음	소리 음

2 훈음과 한자를 쓰시오.

보기

價格 가격 □ / 격식 격 → 價格 가격 값 가 / 격식 격   □ 정가 / 정할 정 → 定價 정가 정할 정 / 값 가

油田 유전 기름 유 / □

石油 석유 돌 석 / □

自由 자유 □ / 말미암을 유

主義 주의 주인 주 / □

銀行 은행 은 은 / □

銀賞 은상 □ / 상줄 상

飮酒 음주 마실 음 / □

運轉 운전 옮길 운 / □

音樂 음악 소리 음 / □

音盤 음반 □ / 소반 반

□ 유전 □ / 밭 전

□ 석유 □ / 기름 유

□ 자유 스스로 자 / □

□ 주의 □ / 옳을 의

□ 은행 □ / 다닐 행

□ 은상 은 은 / □

□ 음주 □ / 술 주

□ 운전 □ / 옮길 운

□ 음악 □ / 노래 악

□ 음반 소리 음 / □

3 ( ) 안에 훈음을 쓰시오.

보기

(값 가) (격식 격)
물건에 값을 매긴 것

價 格 定 價

(정할 정) (값 가)
일정한 금액으로 정한 가격

(   )(   )
석유가 나오는 곳, 유전 개발

油 田 石 油

유전에서 석유를 시추하다.
(   )(   )

(   )(   )
자신을 마음먹은 대로 누리는 행동의 자유

自 由 主 義

자유를 추구하는 주의
(   )(   )

(   )(   )
돈을 관리하는 금융기관

銀 行 銀 賞

금, 은, 동 중 두 번째 은으로 받은 상
(   )(   )

(   )(   )
술을 마신 채 운전하는 것.

飲 酒 運 轉

음주 운전은 절대 금지
(   )(   )

(   )(   )
소리로 즐기는 음악 예술

音 樂 音 盤

소리를 녹음한 레코드판
(   )(   )

4 독음과 한자를 쓰시오.

油田	自由	銀行	飲酒	音樂
석 유	주 의	은 상	운 전	음 반

5 한자를 쓰시오.

256 油 기름 유

257 由 말미암을 유

258 銀 은 은

259 飮 마실 음

260 音 소리 음

 배정한자 261~265 자원 풀이

261 意	뜻 의 　　　[心 13획]	말소리로(音) 마음먹은(心) 뜻을 알아차린다.	
	音 : 소리 음, 心 : 마음 심		
亠 立 音 意 意		意見 - 의견 (볼 견) 意慾 - 의욕 (욕심 욕)	

262 衣	옷 의 　　　[衣 6획]	사람이(亠) 저고리를(𧘇) 입은 모양.	
	亠 (머리), 𧘇 (옷섶모양)		
亠 亠 𧘇 衣 衣		衣服 - 의복 (옷 복) 衣類 - 의류 (무리 류)	

263 醫	의원 의 　　　[酉 18획]	화살과 창에(矢 + 殳) 맞은 상처를(匸) 알콜로(酉) 소독.	
	矢 (화살), 殳 (창), 匸 (상처)		
医 医 殹 醫 醫		醫療保險 - 의료보험 (병고칠 료, 지킬 보, 험할 험)	

264 者	놈 자 　　　[老 9획]	나이 많은 분이(耂) 아랫사람을 낮추어 이놈저놈 말한다(日).	
	耂 - 老, 日 : 말		
十 土 耂 者 者		筆者 - 필자 (붓 필) 記者 - 기자 (기록할 기)	

265 昨	어제 작 　　　[日 9획]	하루해가(日) 잠깐 사이(乍) 지나가 버린 어제.	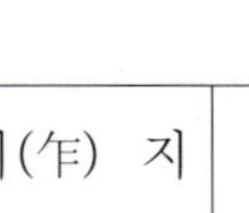
	日 : 날 일, 乍 : 잠깐 사		
冂 日 昨 昨 昨		昨日 - 작일 (날 일) 昨年 - 작년 (해 년)	

1 배정한자 261~265

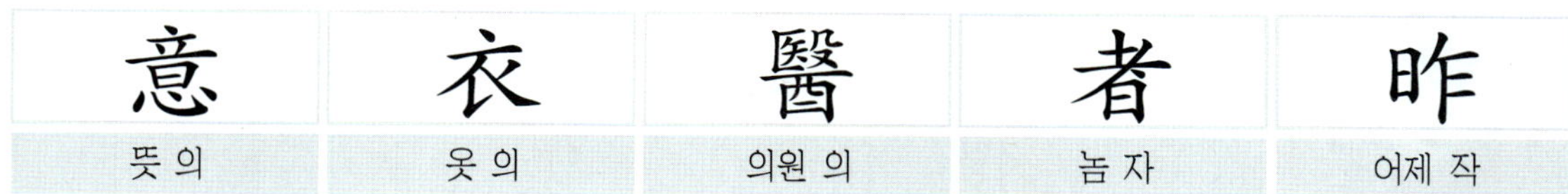

意	衣	醫	者	昨
뜻 의	옷 의	의원 의	놈 자	어제 작

2 훈음과 한자를 쓰시오.

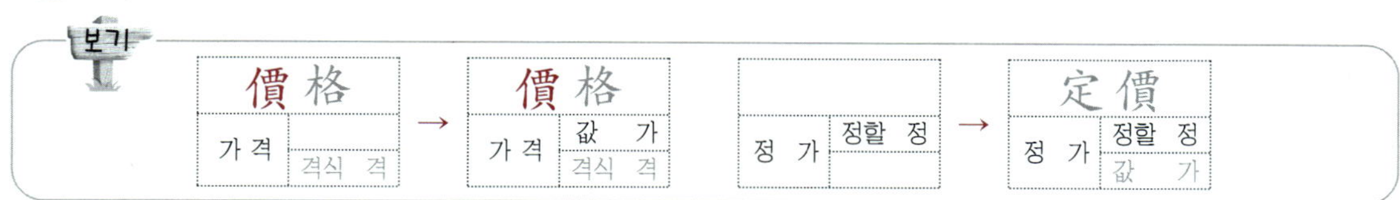

보기

價格	→	價格		정 가	정할 정	→	定價	
가 격	격식 격		가 격	값 가 / 격식 격			정 가	정할 정 / 값 가

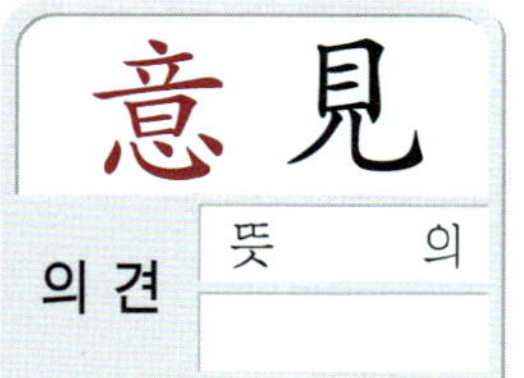
意見
의 견 — 뜻 의

意慾
의 욕 — 욕심 욕

衣服
의 복 — 옷 의

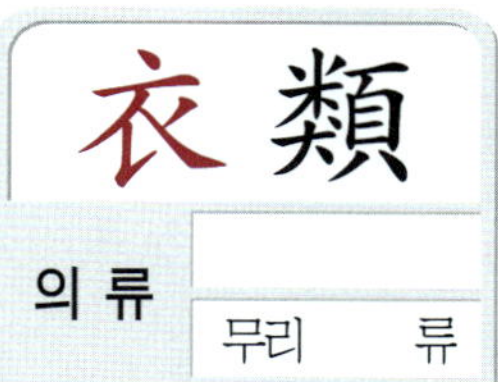
衣類
의 류 — 무리 류

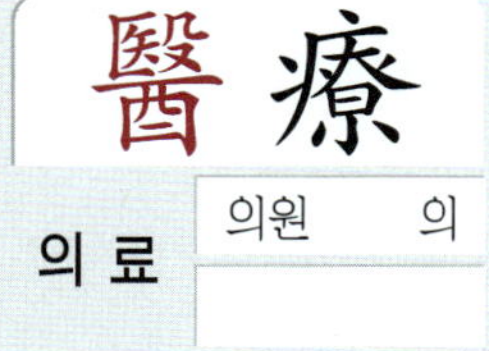
醫療
의 료 — 의원 의

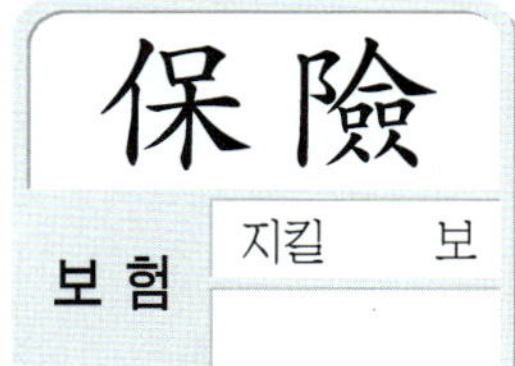
保險
보 험 — 지킬 보

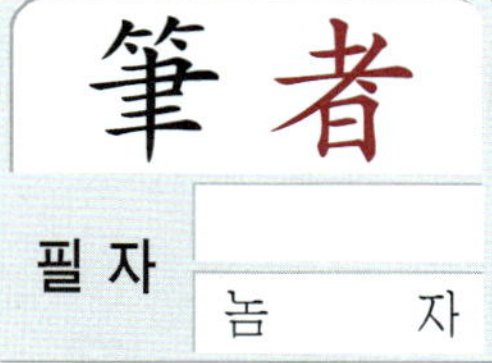
筆者
필 자 — 놈 자

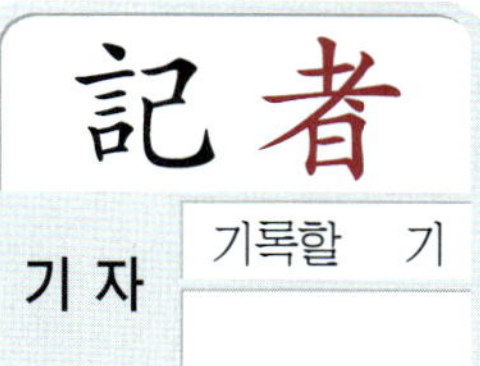
記者
기 자 — 기록할 기

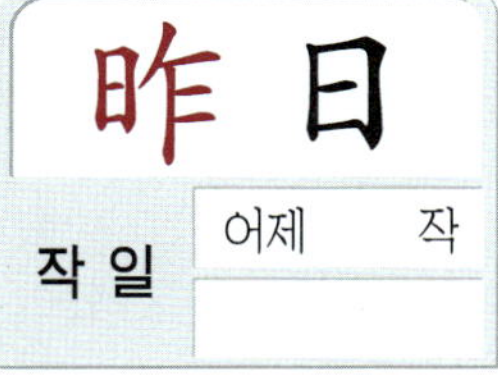
昨日
작 일 — 어제 작

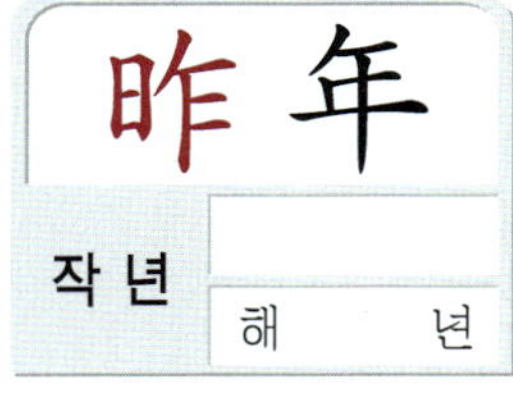
昨年
작 년 — 해 년

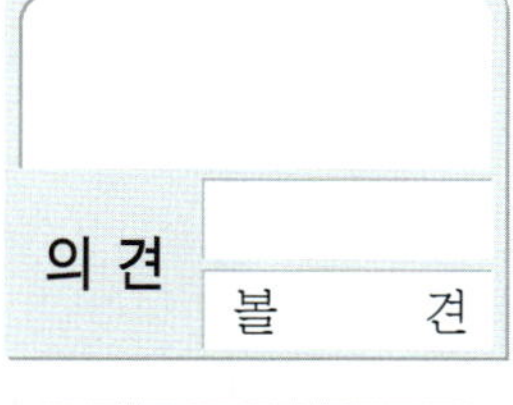
의 견 — 볼 견

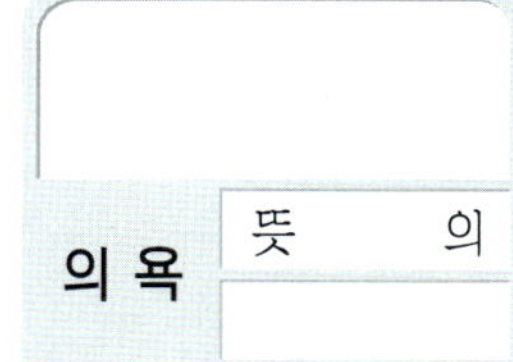
의 욕 — 뜻 의

의 복 — 옷 복

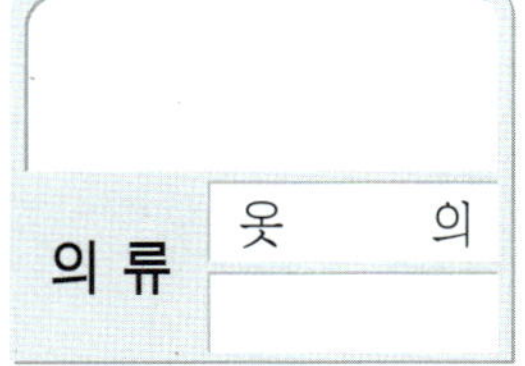
의 류 — 옷 의

의 료 — 병고칠 료

보 험 — 험할 험

필 자 — 붓 필

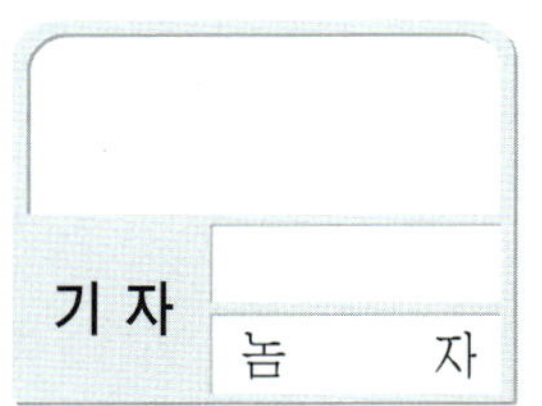
기 자 — 놈 자

작 일 — 날 일

작 년 — 어제 작

3 ( ) 안에 훈음을 쓰시오.

보기

(값 가) (격식 격)
물건에 값을 매긴 것

| 價 | 格 |

| 定 | 價 |

(정할 정) (값 가)
일정한 금액으로 정한 가격

( )( )
자신의 뜻한 소견

| 意 | 見 |

| 意 | 慾 |

하고자 하는 욕심의 뜻
( )( )

( )( )
입는 옷

| 衣 | 服 |

| 衣 | 類 |

옷의 여러 부류들
( )( )

( )( )
의사의 치료와 처방

| 醫 | 療 |

| 保 | 險 |

위험을 대비하여 미리
보험을 들다.
( )( )

( )( )
글쓰는 사람

| 筆 | 者 |

| 記 | 者 |

신문이나 잡지에 글을
쓰는 사람
( )( )

( )( )
하루 지난 어제

| 昨 | 日 |

| 昨 | 年 |

한 해 지난 전년
( )( )

4 독음과 한자를 쓰시오.

意見	衣服	醫療	筆者	昨日
의 욕	의 류	보 험	기 자	작 년

5 한자를 쓰시오.

 6급 배정한자 266 ～ 270 자원 풀이

266 作

지을 작　[人 7획]

亻: 사람 인, 乍: 잠깐 사

亻	亻	仁	仵	作

사람이(亻) 잠깐도(乍) 쉬지 않고 일하고 짓는다.

作詞 - 작사 (말, 글 사)
作曲 - 작곡 (굽을 곡)

267 章

글 장　[立 11획]

音: 소리 음, 十: 열 십

立	音	音	音	章

소리의(音) 일단락을(十) 글로 적다.

憲章 - 헌장 (법 헌)
圖章 - 도장 (그림 도)

268 在

있을 재　[土 6획]

亻-才, 土 (흙)

一	𠂇	右	在	在

새싹이(才) 흙(土) 위로 나와 천지간에 존재한다.

在學 - 재학 (배울 학)
在京 - 재경 (서울 경)

269 才

재주 재　[手 3획]

丨(초목), 丿(싹), 一(땅)

一	十	才	才	才

초목의(丨) 싹이(丿) 땅을(一) 뚫고 나오는 재주.

才致 - 재치 (이를 치)
才談 - 재담 (말씀 담)

270 戰

싸울 전　[戈 16획]

單: 홀 단, 戈: 창 과

吅	昍	單	戰	戰

수레와(甲) 창으로(戈) 싸울 때 부딪히는 소리(吅).

戰爭 - 전쟁 (다툴 쟁)
戰死 - 전사 (죽을 사)

1 배정한자 266~270

作	章	在	才	戰
지을 작	글 장	있을 재	재주 재	싸울 전

2 훈음과 한자를 쓰시오.

보기

價格 → 價格   定價
가격 / 격식 격 → 가격 / 값 가 / 격식 격   정 가 / 정할 정 → 정 가 / 정할 정 / 값 가

作詞 — 작 사 / 지을 작
作曲 — 작 곡 / 굽을 곡
憲章 — 헌 장 / 글 장
圖章 — 도 장 / 그림 도

在學 — 재 학 / 있을 재
在京 — 재 경 / 서울 경
才致 — 재 치 / 재주 재
才談 — 재 담 / 말씀 담

戰爭 — 전 쟁 / 싸울 전
戰死 — 전 사 / 죽을 사
작 사 / 말 사
작 곡 / 지을 작

헌 장 / 법 헌
도 장 / 글 장
재 학 / 배울 학
재 경 / 있을 재

재 치 / 이를 치
재 담 / 재주 재
전 쟁 / 다툴 쟁
전 사 / 싸울 전

3 ( ) 안에 훈음을 쓰시오.

보기

(값 가) (격식 격)
물건에 값을 매긴 것

價 格   定 價

(정할 정) (값 가)
일정한 금액으로 정한 가격

( ) ( )
노래의 곡에 가사를 붙이는 일

作 詞   作 曲

곡을 짓는 것, 작사, 작곡
( ) ( )

( ) ( )
지키고 실천할 조항의 글

憲 章   圖 章

나무나 뼈로 새긴 인장을 말함.
( ) ( )

( ) ( )
배우기 위해 그곳에 머무름.

在 學   在 京

서울에 존재해 있음,
재경 유학생
( ) ( )

( ) ( )
꾀와 재주가 있음.

才 致   才 談

말하는 재주가 있음,
재치와 재담이 넘친다.
( ) ( )

( ) ( )
서로 다투고 싸우는 것.

戰 爭   戰 死

전쟁하다가 죽는 것,
전쟁에서 전사
( ) ( )

4 독음과 한자를 쓰시오.

作 詞	憲 章	在 學	才 致	戰 爭
작 곡	도 장	재 경	재 담	전 사

5 한자를 쓰시오.

memo

6급 배정한자 271 ~ 275 자원 풀이

271 庭

뜰 정 〔广 10획〕

广 : 집 엄, 廷 : 조정 정

지붕만 덮인(广) 조정(廷)의 작은 뜰.

广 广 庄 庭 庭

校庭 - 교정 (학교 교)
庭園 - 정원 (동산 원)

272 定

정할 정 〔宀 8획〕

宀 : 집 면, 龰 - 正

집 안에서(宀) 바른 자세로(正) 앉아 정하다.

宀 宁 宇 㝎 定

定價 - 정가 (값 가)
定立 - 정립 (설 립)

273 題

제목 제 〔頁 18획〕

是 : 이 시, 頁 : 머리 혈

노예를 구별하기 위하여 이마에 (頁) 표적 낸 것을 가리켜(是) 제목으로 쓰다.

日 旦 是 題 題

題目 - 제목 (눈 목)
宿題 - 숙제 (잘 숙)

274 第

차례 제 〔竹 11획〕

竹 : 대 죽, 弔 - 弟

글을 쓴 대쪽을(竹) 순서있게 위에서 내려 엮은(弔) 서책.

竹 笋 笃 第 第

第一 - 제일 (한 일)
落第 - 낙제 (떨어질 락)

275 朝

아침 조 〔月 12획〕

卓 - 軌, 月 - 舟

배가(舟) 뜬 바다에 아침 해가 뜨는(卓) 풍경.

十 卓 軒 朝 朝

朝會 - 조회 (모일 회)
朝餐 - 조찬 (밥 찬)

memo

1 배정한자 271~275

庭	定	題	第	朝
뜰 정	정할 정	제목 제	차례 제	아침 조

2 훈음과 한자를 쓰시오.

memo

3 (   ) 안에 훈음을 쓰시오.

보기

(값 가) (격식 격)   價 格   定 價   (정할 정) (값   가)
물건에 값을 매긴 것   일정한 금액으로 정한 가격

(   )(   )   校 庭   庭 園   꽃이나 나무를 가꾸는 뜰
학교의 뜰   (   )(   )

(   )(   )   定 價   定 立   확립되어 안정이 되었음.
물건에 값을 정하는 것.   (   )(   )

(   )(   )   題 目   宿 題   집에서 하는 과제
소설이나 글의 머리
표제, 노래의 제목   (   )(   )

(   )(   )   第 一   落 第   제일 좋은 학교에서
제일 고등학교   떨어지다.
                                                        (   )(   )

(   )(   )   朝 會   朝 餐   아침밥, 조회겸 조찬을
아침에 모여 회의하다.   하다.
                                                        (   )(   )

4 독음과 한자를 쓰시오.

校 庭	定 價	題 目	第 一	朝 會
정 원	정 립	숙 제	낙 제	조 찬

5 한자를 쓰시오.

6급 배정한자 276 ~ 280 자원 풀이

276 族

겨레 족 ［方11획］

𤼀 : 깃발 언, 矢 : 화살 시

한 깃발 아래(𤼀) 같은 핏줄의 겨레가 화살(矢)을 메다.

方　方　㫃　㫃　族

親族 - 친족 (친할 친)
族譜 - 족보 (족보 보)

277 晝

낮 주 ［日11획］

日 (해), 聿 : 그을 획

해가(日) 동쪽에서 떠 서쪽으로 지는 과정의 선(聿)이 낮.

コ　ㅋ　書　書　晝

晝耕夜讀 - 주경야독
(밭갈 경, 밤 야, 읽을 독)

278 注

부을 주 ［水8획］

氵- 水, 主 : 주인 주

물을(氵) 주류(主)에서 끌어댄다.

氵　氵　汁　汴　注

注射 - 주사 (쏠 사)
注意 - 주의 (뜻 의)

279 集

모을 집 ［隹12획］

隹 : 새 추, 木 : 나무 목

새들이(隹) 나무 위에(木) 모이다.

亻　伴　隹　隼　集

集結 - 집결 (맺을 결)
集團 - 집단 (둥글 단)

280 窓

창 창 ［穴11획］

穴 : 구멍 혈, 厶-口-心

마음에(心) 창의(厶) 구멍이(穴) 있다 하여 창창.

宀　穴　空　窓　窓

窓門 - 창문 (문 문)
窓口 - 창구 (입 구)

1 배정한자 276~280

族	晝	注	集	窓
겨레 족	낮 주	부을 주	모을 집	창 창

2 훈음과 한자를 쓰시오.

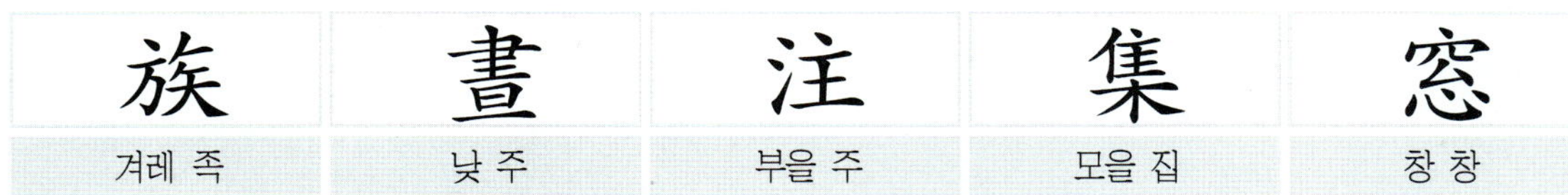

보기

價格	→	價格		정할 정	→	定價
가격 / 격식 격		가격 값 가 / 격식 격	정 가 / 정할 정		정 가 / 정할 정 / 값 가

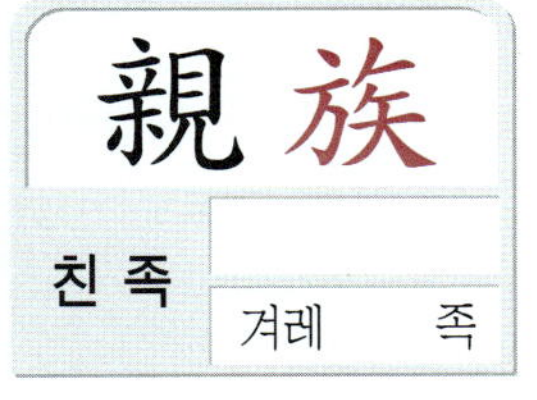
親族
친 족 / 겨레 족

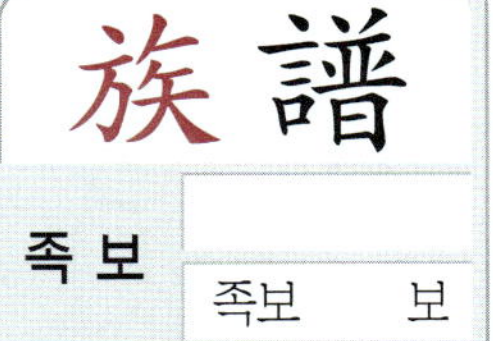
族譜
족 보 / 족보 보

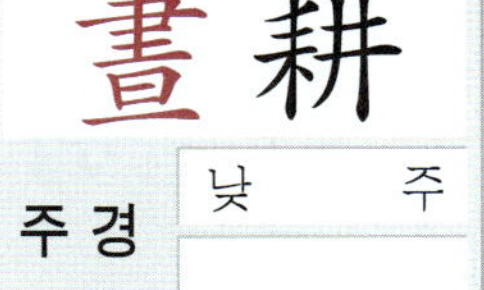
晝耕
주 경 / 낮 주

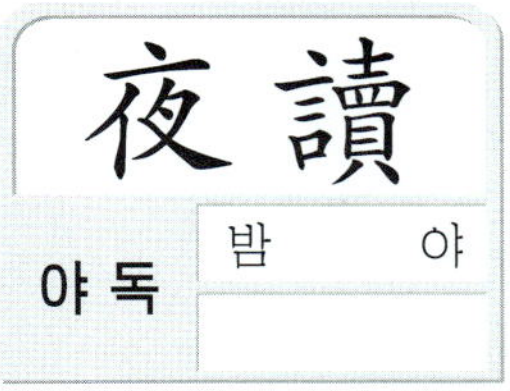
夜讀
야 독 / 밤 야

注射
주 사 / 부을 주

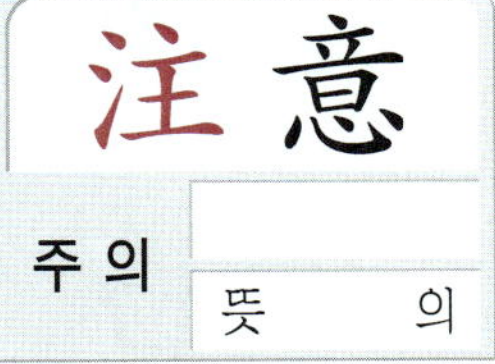
注意
주 의 / 뜻 의

集結
집 결 / 모을 집

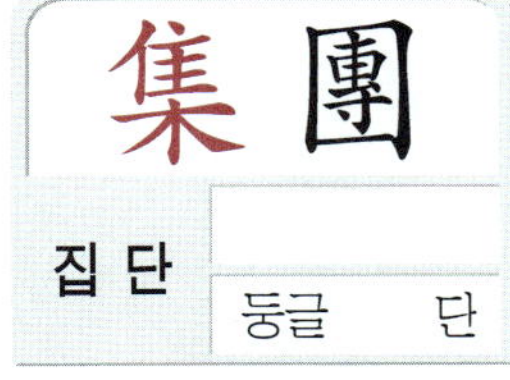
集團
집 단 / 둥글 단

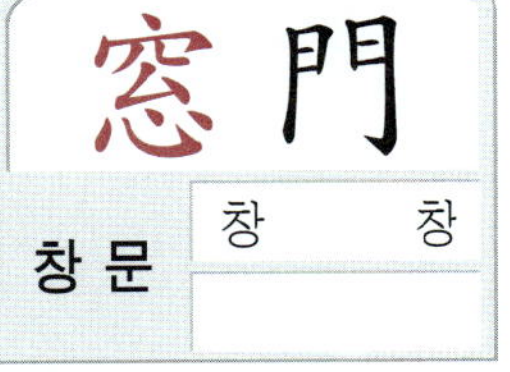
窓門
창 문 / 창 창

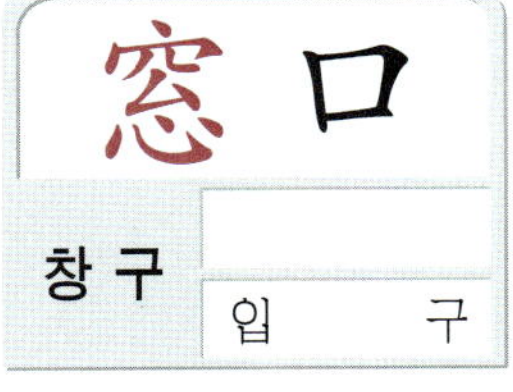
窓口
창 구 / 입 구

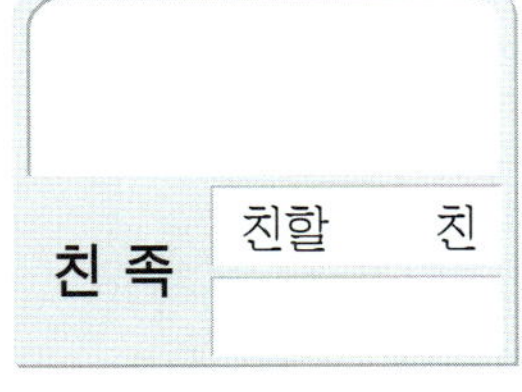
친 족 / 친할 친

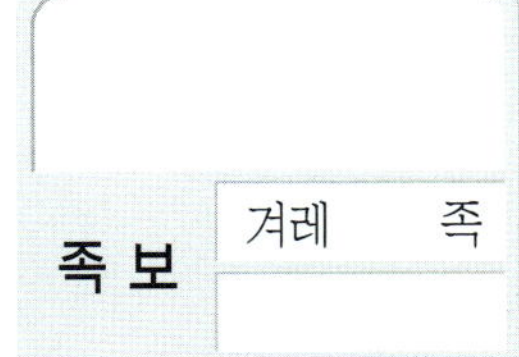
족 보 / 겨레 족

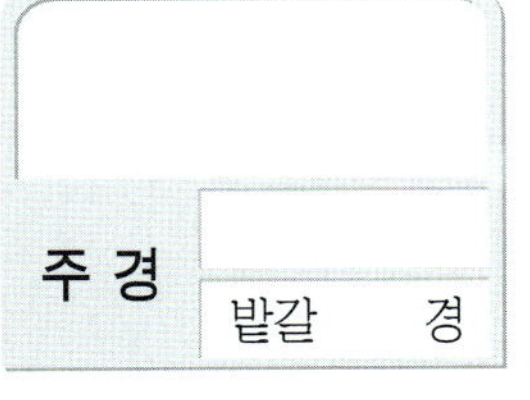
주 경 / 밭갈 경

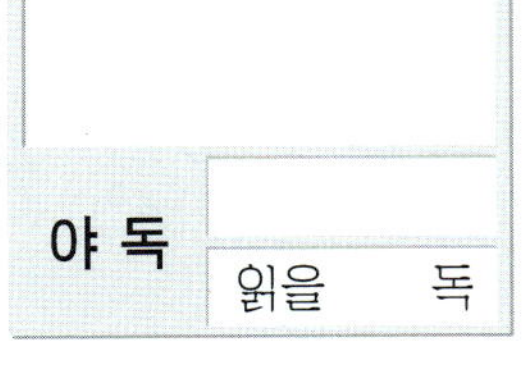
야 독 / 읽을 독

주 사 / 쏠 사

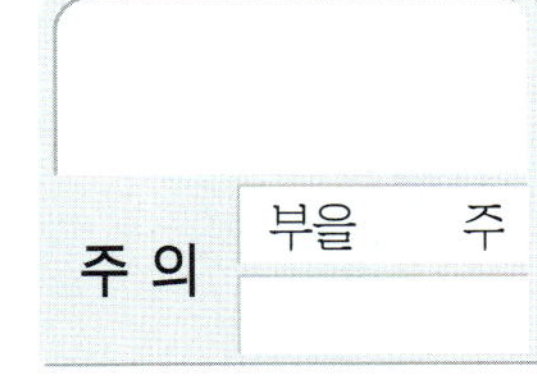
주 의 / 부을 주

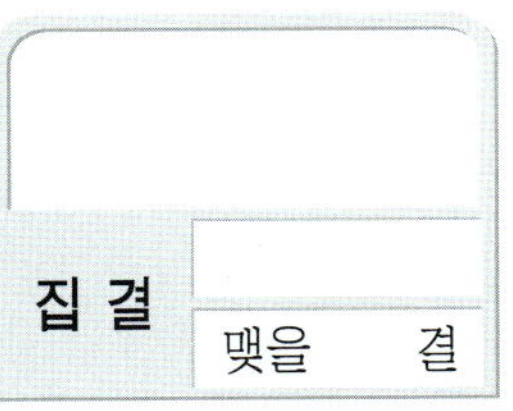
집 결 / 맺을 결

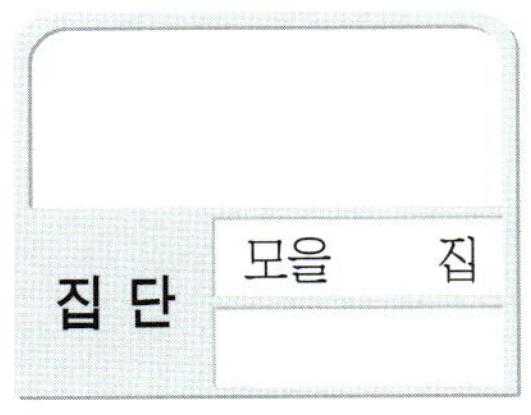
집 단 / 모을 집

창 문 / 문 문

창 구 / 창 창

3 ( ) 안에 훈음을 쓰시오.

보기

(값 가) (격식 격)
물건에 값을 매긴 것　價 格　　定 價　(정할 정) (값　가)
일정한 금액으로 정한 가격

(　　　)(　　　)
가까운 친척의 가족　親 族　　族 譜　가문에 계보를 적은 책
(　　　)(　　　)

(　　　)(　　　)
낮에는 밭 갈고　晝 耕　　夜 讀　밤에는 책 읽어 주경야독
으로 독학하다.
(　　　)(　　　)

(　　　)(　　　)
예방주사 접종에 주의하다.　注 射　　注 意　조심하여 마음을 기울임.
(　　　)(　　　)

(　　　)(　　　)
한데 모여들다.　集 結　　集 團　모인 단체
(　　　)(　　　)

(　　　)(　　　)
창에 달린 문　窓 門　　窓 口　창의 구멍
(　　　)(　　　)

4 독음과 한자를 쓰시오.

親族	晝耕	注射	集結	窓門
족　보	야　독	주　의	집　단	창　구

5 한자를 쓰시오.

6급 배정한자 281~285 자원 풀이

281 清 맑을 **청** 〔水 11획〕 물이(氵) 푸르고(青) 맑아 청정하다.

氵-水, 青 : 푸를 청

氵 汁 清 清 清

清潔 - 청결 (깨끗할 결)
清純 - 청순 (순수할 순)

282 體 몸 **체** 〔骨 23획〕 사람의 몸안에(骨) 오장육부가 풍성하게(豊) 차 있다.

骨 : 뼈 골, 豊 : 풍성 풍

冎 骨 骨 體 體

體育 - 체육 (기를 육)
體操 - 체조 (잡을 조)

283 親 친할 **친** 〔見 16획〕 나무포기(亲)같이 많은 자식을 보살피는(見) 어버이와 친함.

亲 (나무포기), 見 (보살핌)

立 亲 新 親 親

親睦 - 친목 (화목할 목)
親近 - 친근 (가까울 근)

284 太 클 **태** 〔大 4획〕 다리 벌리고 선 사람의(大) 남자 심볼(丶)이 크다.

大-人, 丶 (아주)

一 ナ 大 太 太

太陽 - 태양 (볕 양)
太極旗 - 태극기 (극진할 극)

285 通 통할 **통** 〔辵 11획〕 골목길이(甬) 큰길로 이어져 나가(辶) 통하다.

甬 (골목길), 辶 - 辵

マ 甬 甬 涌 通

通話 - 통화 (말씀 화)
通報 - 통보 (알릴 보)

1 배정한자 281~285

清	體	親	太	通
맑을 청	몸 체	친할 친	클 태	통할 통

2 훈음과 한자를 쓰시오.

보기

價格	→	價格		定價
가 격 / 격식 격		가 격 / 값 가, 격식 격	정 가 / 정할 정	정 가 / 정할 정, 값 가

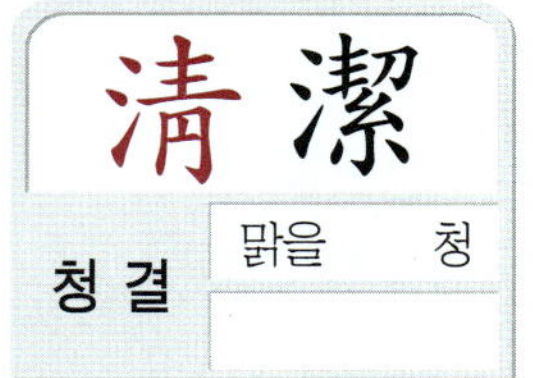
清潔
청 결 / 맑을 청

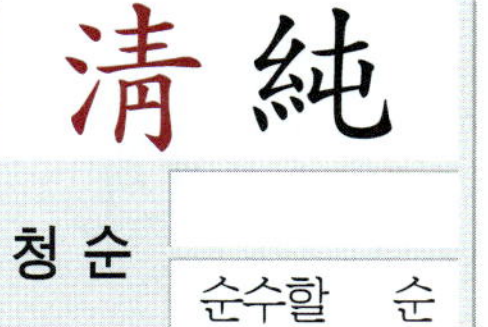
清純
청 순 / 순수할 순

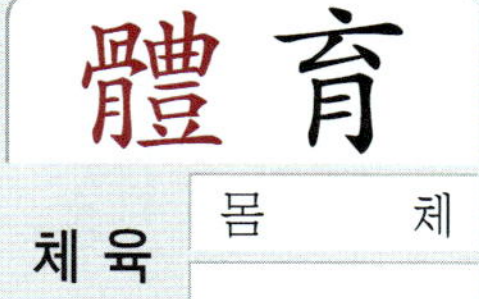
體育
체 육 / 몸 체

體操
체 조 / 잡을 조

親睦
친 목 / 친할 친

親近
친 근 / 가까울 근

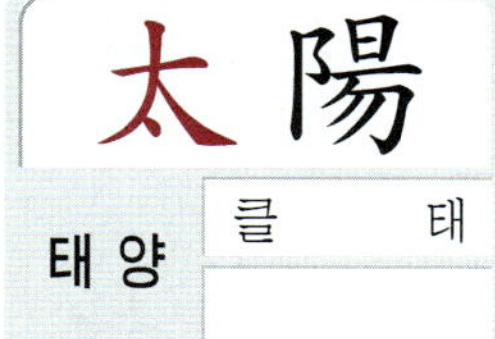
太陽
태 양 / 클 태

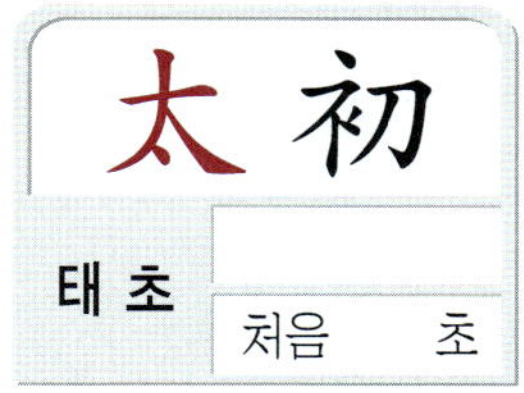
太初
태 초 / 처음 초

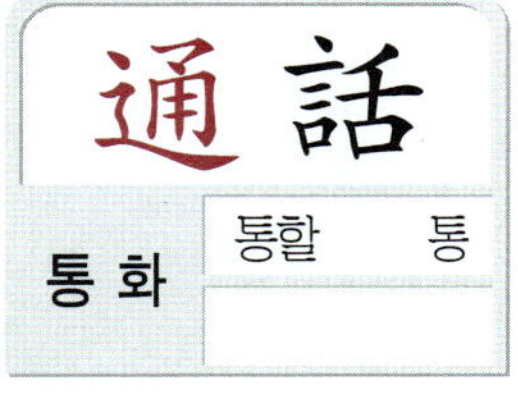
通話
통 화 / 통할 통

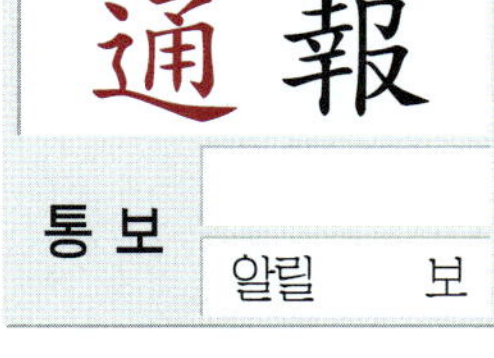
通報
통 보 / 알릴 보

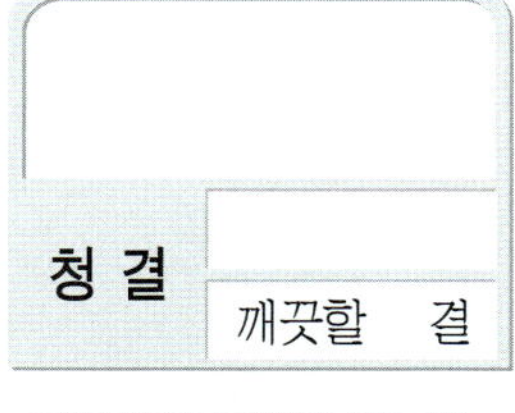
청 결 / 깨끗할 결

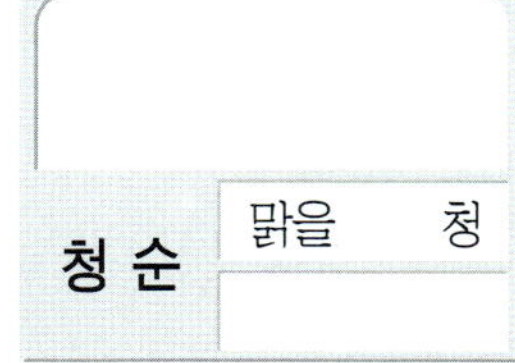
청 순 / 맑을 청

체 육 / 기를 육

체 조 / 몸 체

친 목 / 화목할 목

친 근 / 친할 친

태 양 / 별 양

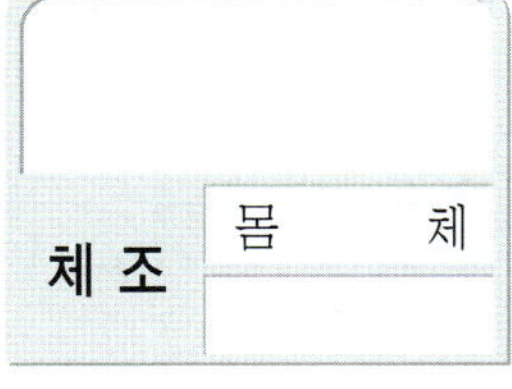
태 초 / 클 태

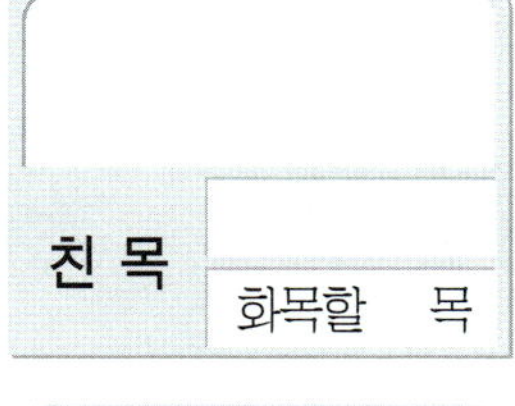
통 화 / 말씀 화

통 보 / 통할 통

3 ( ) 안에 훈음을 쓰시오.

보기

(값 가) (격식 격)
물건에 값을 매긴 것 價 格 | 定 價 (정할 정) (값 가)
일정한 금액으로 정한 가격

( )( )
맑고 깨끗함. 清 潔 | 清 純 맑고 순수한 성격
( )( )

( )( )
몸으로 하는 육체적 운동 體 育 | 體 操 육체적 조작 운동
( )( )

( )( )
친하여 화목함. 親 睦 | 親 近 친하고 가까움.
( )( )

( )( )
해, 태양열 太 陽 | 太 初 지구의 최초 시작
( )( )

( )( )
말을 하여 서로 통화하는 通 話 | 通 報 일방적으로 알리는 것.
것, 전화 통화 ( )( )

4 독음과 한자를 쓰시오.

清潔	體育	親睦	太陽	通話
청 순	체 조	친 근	태 초	통 보

5 한자를 쓰시오.

6급 배정한자 286 ~ 290 자원 풀이

286 特

특별할 특 〔牛 10획〕

牛 : 소 우, 寺 : 관청 시

관청의(寺) 육종용 특별한 소(牛)를 번식시키다.

⺧	牛	牛	特	特

特別 - 특별 (다를 별)
特級 - 특급 (등급 급)

287 表

겉 표 〔衣 8획〕

主 - 毛, 衣 - 衣

짐승의 털은(主) 사람이 입는 옷(衣) 겉으로 나 있다.

⼆	主	表	表	表

表面 - 표면 (낯 면)
表示 - 표시 (보일 시)

288 風

바람 풍 〔風 9획〕

凡 : 뭇릇 범, 虫 : 벌레 충

무릇 바람(凡)에 벌레가 날리어 다니다.

几	凡	凬	風	風

風車 - 풍차 (수레 차)
風俗 - 풍속 (풍속 속)

289 合

합할 합 〔口 6획〕

亼 : 모을 집, 口 : 입 구

말이(口) 하나로 모였다. (亼) 그릇의 뚜껑(亼).

人	亼	合	合	合

合同 - 합동 (한가지 동)
合宿 - 합숙 (잘 숙)

290 行

다닐 행 〔行 6획〕

彳 - 亍 : 자축거릴 척

왼발과(彳) 오른발을(亍) 번갈아 움직여 다니다.

⼃	彳	彳	行	行

行動 - 행동 (움직일 동)
行實 - 행실 (열매 실)

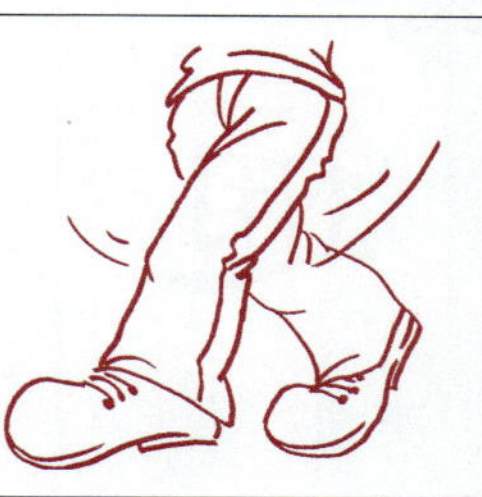

1 배정한자 286~290

特	表	風	合	行
특별할 특	겉 표	바람 풍	합할 합	다닐 행

2 훈음과 한자를 쓰시오.

memo

3 ( ) 안에 훈음을 쓰시오.

보기

(값 가) (격식 격)
물건에 값을 매긴 것
價 格

定 價
(정할 정) (값 가)
일정한 금액으로 정한 가격

( )( )
특별히 다른 점
特 別

特 級
특별한 등급
( )( )

( )( )
겉으로 나타난 겉면
表 面

表 示
겉으로 보이도록 표시
( )( )

( )( )
바람으로 돌리는 풍차
風 車

風 俗
많은 사람이 오랫동안
습관적으로 해오는 것.
( )( )

( )( )
한가지 단체로 합함.
合 同

合 宿
같이 함께 공동으로
자는 것.
( )( )

( )( )
움직이는 동작으로 나타
내 보이는 것.
行 動

行 實
행동하는 태도
( )( )

4 독음과 한자를 쓰시오.

特別	表面	風車	合同	行動
특 급	표 시	풍 속	합 숙	행 실

5 한자를 쓰시오.

6급 배정한자 291 ~ 295 자원 풀이

291 幸

다행 **행**	〔干8획〕
ㅗ : 머리부분 두, 幸 (죄인)	

죄인의(幸) 머리가(ㅗ) 아직 붙어 있어 다행이다.

+	土	圥	幸	幸

幸運 - 행운 (옮길 운)
幸福 - 행복 (복 복)

292 向

향할 **향**	〔口6획〕
冋 (창틀의 창문), ノ (방향)	

창들의 창문이(冋) 한쪽 방향으로(ノ) 향해 있다.

′	冂	冋	向	向

向方 - 향방 (모 방)
方向 - 방향 (모 방)

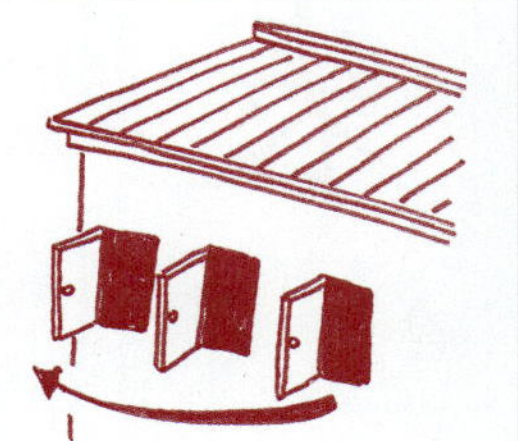

293 現

나타날 **현**	〔玉11획〕
王 - 玉, 見 : 볼 견	

옥을(王) 갈고 닦으면 아름다운 빛깔이 나타남(見).

丅	王	玑	珇	現

現金 - 현금 (쇠 금)
現實 - 현실 (열매 실)

294 形

모양 **형**	〔彡7획〕
开 - 井, 彡 : 터럭 삼	

우물 모양의(开) 형들을 붓으로(彡) 가로세로 그린 모양.

二	于	开	形	形

形式 - 형식 (법 식)
形態 - 형태 (모습 태)

295 號

이름 **호**	〔虍13획〕
号 : 이름 호, 虎 : 범 호	

범의(虎) 울음소리(号)처럼 우렁차게 부르짖는다.

口	号	號	號	號

號令 - 호령 (하여금 령)
番號 - 번호 (차례 번)

1 배정한자 291~295

幸	向	現	形	號
다행 행	향할 향	나타날 현	모양 형	이름 호

2 훈음과 한자를 쓰시오.

보기

價格 → 價格   정할 정 → 定價
가 격 / 격식 격 · 가 격 / 값 가 · 정 가 / 정할 정 · 정 가 / 정할 정 · 값 가

幸運 — 행운 / 다행 행
幸福 — 행복 / 복 복
向方 — 향방 / 향할 향
方向 — 방향 / 모 방

現金 — 현금 / 나타날 현
現實 — 현실 / 열매 실
形式 — 형식 / 모양 형
形態 — 형태 / 모습 태

號令 — 호령 / 이름 호
番號 — 번호 / 차례 번
행운 / 옮길 운
행복 / 다행 행

향방 / 모 방
방향 / 향할 향
현금 / 쇠 금
현실 / 나타날 현

형식 / 법 식
형태 / 모양 형
호령 / 하여금 령
번호 / 이름 호

memo

3 ( ) 안에 훈음을 쓰시오.

보기

(값 가) (격식 격)
물건에 값을 매긴 것
價 格

定 價
(정할 정) (값 가)
일정한 금액으로 정한 가격

( )( )
다행스러운 운수
幸 運

幸 福
다행스러운 복, 사랑과
복이 깃든 가정
( )( )

( )( )
향하는 방향, 어느 쪽
向 方

方 向
가야할 쪽, 방향 표시
( )( )

( )( )
증권이 아닌 실지 돈,
지폐, 동전
現 金

現 實
현재에 처한 실정
( )( )

( )( )
모양과 격식을 갖추는 일
形 式

形 態
모양의 꼴
( )( )

( )( )
번호를 부름.
號 令

番 號
차례를 메긴 순번
( )( )

4 독음과 한자를 쓰시오.

幸運	向方	現金	形式	號令
행 복	방 향	현 실	형 태	번 호

5 한자를 쓰시오.

291 幸 다행 행

292 向 향할 향

293 現 나타날 현

294 形 모양 형

295 號 이름 호

 6급 배정한자 296 ~ 300 자원 풀이

296 畫

그림 화	〔田13획〕	붓으로(聿) 밭의(田) 경계를(一) 긋는다는 데서 그을 획과 그림을 나타냄.

畫:그림 화, 劃:그을 획

ヨ	聿	聿	畫	畫

畫家 - 화가 (집 가)
漫畫 - 만화 (흩어질 만)

297 和

화할 화	〔口8획〕	곡식을(禾) 여럿이 같이 나누어 먹으니(口) 화목하다.

禾:벼 화, 口:입 구

二	千	禾	和	和

和睦 - 화목 (화목할 목)
和平 - 화평 (평평할 평)

298 黃

누를 황	〔黃12획〕	밭의(田) 익은 곡식이 빛깔이 (光) 누름을 나타내어 된 자.

光:빛 광, 田:밭 전

一	廿	芇	苗	黃

黃金 - 황금 (쇠금)
黃色 - 황색 (빛 색)

299 會

모일 회	〔人6획〕	모이고( ) 거듭 더(曾) 모여서 회의하다.

:모을 집, 曾 - 曾

人	侖	侖	會	會

會見 - 회견 (볼 견)
會談 - 회담 (말씀 담)

300 訓

가르칠 훈	〔言10획〕	냇물이(川) 흐르듯 이치를 좇아 타이른다(言).

言:말씀 언, 川:내 천

言	言	訂	訓	訓

訓育 - 훈육 (기를 육)
訓練 - 훈련 (익힐 련)

1 배정한자 296~300

畫	和	黃	會	訓
그림 화	화할 화	누를 황	모일 회	가르칠 훈

2 훈음과 한자를 쓰시오.

보기

價格 → 價格 價 → 定價
가 격 / 격식 격   가 격 / 값 가, 격식 격   정 가 / 정할 정   정 가 / 정할 정, 값 가

畫家 — 화 가 / 그림 화
漫畫 — 만 화 / 흩어질 만
和睦 — 화 목 / 화할 화
和平 — 화 평 / 평평할 평

黃金 — 황 금 / 누를 황
黃色 — 황 색 / 빛 색
會見 — 회 견 / 모일 회
會談 — 회 담 / 말씀 담

訓育 — 훈 육 / 기를 육
訓練 — 훈 련 / 가르칠 훈
화 가 / 집 가
만 화 / 그림 화

화 목 / 화목할 목
화 평 / 화할 화
황 금 / 쇠 금
황 색 / 누를 황

회 견 / 볼 견
회 담 / 모일 회
훈 육 / 가르칠 훈
훈 련 / 익힐 련

3 (   ) 안에 훈음을 쓰시오.

보기

(값 가) (격식 격)
물건에 값을 매긴 것 價 格   定 價 (정할 정) (값 가)
일정한 금액으로 정한 가격

(   ) (   )
그림 그리는 전문가 畫 家   漫 畫 코믹한 만화 그림
(   ) (   )

(   ) (   )
화하여 친목하는 것. 和 睦   和 平 화합하고 평화로움.
(   ) (   )

(   ) (   )
황색나는 금 黃 金   黃 色 황금 빛깔
(   ) (   )

(   ) (   )
회담 내용을 보이는 것. 會 見   會 談 모여 담소하는 것,
서로 토론하여 말함.
(   ) (   )

(   ) (   )
교훈을 가르치고 길러나
가는 것. 訓 育   訓 練 훈육으로 수련시켜 나감.
(   ) (   )

4 독음과 한자를 쓰시오.

畫 家	和 睦	黃 金	會 見	訓 育
만 화	화 평	황 색	회 담	훈 련

5 한자를 쓰시오.

漢字能力檢定用

3편 배정한자 낱말 활용

memo

● 배정한자 낱말 활용 1~20

1 校 학교 교
- 校長 (교 장)
- 校監 (교 감)

2 敎 가르칠 교
- 敎師 (   )
- 敎育 (   )

3 九 아홉 구
- 九死 (   )
- 一生 (   )

4 國 나라 국
- 國家 (   )
- 國民 (   )

5 軍 군사 군
- 軍人 (   )
- 軍隊 (   )

6 金 쇠금,성김
- 金九 (   )
- 金冠 (   )

7 南 남녘 남
- 南方 (   )
- 南向 (   )

8 女 계집 녀
- 女性 (   )
- 女軍 (   )

9 年 해 년
- 新年 (   )
- 年初 (   )

10 大 큰 대
- 大學 (   )
- 大望 (   )

11 東 동녘 동
- 東洋 (   )
- 東海 (   )

12 六 여섯 륙
- 六法 (   )
- 六甲 (   )

13 萬 일만 만
- 萬里 (   )
- 長城 (   )

14 母 어미 모
- 母子 (   )
- 母情 (   )

15 木 나무 목
- 木手 (   )
- 木材 (   )

16 門 문 문
- 家門 (   )
- 門牌 (   )

17 民 백성 민
- 民俗 (   )
- 民泊 (   )

18 白 흰 백
- 白米 (   )
- 白雪 (   )

19 父 아비 부
- 父母 (   )
- 兄弟 (   )

20 北 북녘 북
- 北韓 (   )
- 北京 (   )

● 배정한자 낱말 활용 21 ~ 40

21 넉 사 四
- 四書 (사 서)
- 三經 (삼 경)

22 메 산 山
- 山林 (　　　)
- 山水 (　　　)

23 석 삼 三
- 三間 (　　　)
- 草家 (　　　)

24 날 생 生
- 生命 (　　　)
- 生活 (　　　)

25 서녘 서 西
- 西紀 (　　　)
- 西歐 (　　　)

26 먼저 선 先
- 先生 (　　　)
- 先納 (　　　)

27 작을 소 小
- 小心 (　　　)
- 大小 (　　　)

28 물 수 水
- 水位 (　　　)
- 水泳 (　　　)

29 집 실 室
- 室內 (　　　)
- 居室 (　　　)

30 열 십 十
- 十年 (　　　)
- 知己 (　　　)

31 다섯 오 五
- 世俗 (　　　)
- 五戒 (　　　)

32 임금 왕 王
- 王妃 (　　　)
- 王子 (　　　)

33 바깥 외 外
- 外國 (　　　)
- 外出 (　　　)

34 달 월 月
- 月末 (　　　)
- 月給 (　　　)

35 두 이 二
- 二次 (　　　)
- 二層 (　　　)

36 사람 인 人
- 人間 (　　　)
- 人格 (　　　)

37 한 일 一
- 鍾路 (　　　)
- 一街 (　　　)

38 날 일 日
- 日記 (　　　)
- 日氣 (　　　)

39 긴 장 長
- 長短 (　　　)
- 長點 (　　　)

40 아우 제 弟
- 兄弟 (　　　)
- 弟嫂 (　　　)

● 배정한자 낱말 활용 41 ~ 60

41 中 가운데 중
- 中央 (중앙)
- 中學 (중학)

42 靑 푸를 청
- 靑果 (　　)
- 靑春 (　　)

43 寸 마디 촌
- 寸數 (　　)
- 三寸 (　　)

44 七 일곱 칠
- 北斗 (　　)
- 七星 (　　)

45 土 흙 토
- 土地 (　　)
- 土壤 (　　)

46 八 여덟 팔
- 八道 (　　)
- 江山 (　　)

47 學 배울 학
- 學校 (　　)
- 學科 (　　)

48 韓 한국 한
- 韓國 (　　)
- 韓服 (　　)

49 兄 맏 형
- 兄夫 (　　)
- 妹兄 (　　)

50 火 불 화
- 火力 (　　)
- 火災 (　　)

51 家 집 가
- 家庭 (　　)
- 家族 (　　)

52 歌 노래 가
- 歌手 (　　)
- 歌曲 (　　)

53 間 사이 간
- 時間 (　　)
- 間食 (　　)

54 江 강 강
- 漢江 (　　)
- 江村 (　　)

55 車 수레 거/차
- 車道 (　　)
- 停車 (　　)

56 工 장인 공
- 工場 (　　)
- 工作 (　　)

57 空 빌 공
- 空軍 (　　)
- 空氣 (　　)

58 口 입 구
- 口語 (　　)
- 口腔 (　　)

59 記 기록할 기
- 記者 (　　)
- 記錄 (　　)

60 氣 기운 기
- 氣象 (　　)
- 氣候 (　　)

● 배정한자 낱말 활용 61 ~ 80

memo

61 旗 기 기
- 國旗 (국 기)
- 太極旗 (태극기)

62 男 사내 남
- 男子 (   )
- 男性 (   )

63 內 안 내
- 內外 (   )
- 內部 (   )

64 農 농사 농
- 農園 (   )
- 農夫 (   )

65 答 대답 답
- 答案 (   )
- 正答 (   )

66 道 길 도
- 道路 (   )
- 道德 (   )

67 冬 겨울 동
- 冬節 (   )
- 冬服 (   )

68 同 한가지 동
- 同居 (   )
- 同僚 (   )

69 洞 골 동
- 洞里 (   )
- 洞長 (   )

70 動 움직일 동
- 動物 (   )
- 生動 (   )

71 登 오를 등
- 登山 (   )
- 登頂 (   )

72 來 올 래
- 來賓 (   )
- 來訪 (   )

73 力 힘 력
- 迫力 (   )
- 武力 (   )

74 老 늙을 로
- 敬老 (   )
- 老人 (   )

75 里 마을 리
- 里程標 (   )
- 千里馬 (   )

76 林 수풀 림
- 林野 (   )
- 林産物 (   )

77 立 설 립
- 立春 (   )
- 大吉 (   )

78 每 매양 매
- 每番 (   )
- 每事 (   )

79 面 낯 면
- 面會 (   )
- 面談 (   )

80 名 이름 명
- 名牌 (   )
- 名札 (   )

memo

● 배정한자 낱말 활용 81~100

81 命 목숨 명
- 命令 (명령)
- 使命 (사명)

82 文 글월 문
- 文書 (　　)
- 文具 (　　)

83 問 물을 문
- 問題 (　　)
- 問項 (　　)

84 物 물건 물
- 物質 (　　)
- 物資 (　　)

85 方 모 방
- 方法 (　　)
- 方案 (　　)

86 百 일백 백
- 百萬 (　　)
- 百姓 (　　)

87 夫 지아비 부
- 夫婦 (　　)
- 丈夫 (　　)

88 不 아니 불
- 不正 (　　)
- 不滿 (　　)

89 事 일 사
- 事故 (　　)
- 事實 (　　)

90 算 셈할 산
- 算數 (　　)
- 算出 (　　)

91 上 윗 상
- 上流 (　　)
- 上級 (　　)

92 色 빛 색
- 色相 (　　)
- 色彩 (　　)

93 夕 저녁 석
- 夕刊 (　　)
- 夕陽 (　　)

94 姓 성 성
- 姓氏 (　　)
- 姓名 (　　)

95 世 인간 세
- 世上 (　　)
- 世界 (　　)

96 少 적을 소
- 少女 (　　)
- 少年 (　　)

97 所 바 소
- 所見 (　　)
- 所感 (　　)

98 手 손 수
- 手足 (　　)
- 手巾 (　　)

99 數 셈 수
- 數學 (　　)
- 點數 (　　)

100 市 저자 시
- 市場 (　　)
- 市長 (　　)

● 배정한자 낱말 활용 （101 ~ 120）

101 時　때 시
- 時計 (시계)
- 時間 (시간)

102 食　밥 식
- 食堂 (　　)
- 食事 (　　)

103 植　심을 식
- 植木日(　　)
- 植樹 (　　)

104 心　마음 심
- 心氣 (　　)
- 心亂 (　　)

105 安　편안 안
- 安寧 (　　)
- 安全 (　　)

106 語　말씀 어
- 言語 (　　)
- 語源 (　　)

107 然　그럴 연
- 自然 (　　)
- 當然 (　　)

108 午　낮 오
- 午前 (　　)
- 午後 (　　)

109 右　오른 우
- 右側 (　　)
- 右迴 (　　)

110 有　있을 유
- 有給 (　　)
- 有識 (　　)

111 育　기를 육
- 育兒 (　　)
- 教育 (　　)

112 邑　고을 읍
- 邑內 (　　)
- 都邑 (　　)

113 入　들 입
- 入門 (　　)
- 入山 (　　)

114 子　아들 자
- 子女 (　　)
- 子息 (　　)

115 字　글자 자
- 文字 (　　)
- 字幕 (　　)

116 自　스스로 자
- 自律 (　　)
- 自習 (　　)

117 場　마당 장
- 場所 (　　)
- 開場 (　　)

118 全　온전 전
- 全部 (　　)
- 全員 (　　)

119 前　앞 전
- 前後 (　　)
- 前期 (　　)

120 電　번개 전
- 電氣 (　　)
- 電力 (　　)

● 배정한자 낱말 활용 121 ~ 140

121 바를 정 正
- 正義 (정 의)
- 正直 (정 직)

122 할아비 조 祖
- 祖父 (　　)
- 祖母 (　　)

123 발 족 足
- 充足 (　　)
- 滿足 (　　)

124 왼 좌 左
- 左右 (　　)
- 左傾 (　　)

125 주인 주 主
- 主人 (　　)
- 主管 (　　)

126 살 주 住
- 住居 (　　)
- 住民 (　　)

127 무거울 중 重
- 重量 (　　)
- 重要 (　　)

128 따 지 地
- 地球 (　　)
- 地圖 (　　)

129 종이 지 紙
- 紙面 (　　)
- 紙幣 (　　)

130 곧을 직 直
- 直線 (　　)
- 直結 (　　)

131 내 천 川
- 河川 (　　)
- 仁川 (　　)

132 일천 천 千
- 千年 (　　)
- 千字文 (　　)

133 하늘 천 天
- 天命 (　　)
- 天堂 (　　)

134 풀 초 草
- 草木 (　　)
- 草原 (　　)

135 마을 촌 村
- 村落 (　　)
- 農村 (　　)

136 가을 추 秋
- 秋收 (　　)
- 秋穀 (　　)

137 봄 춘 春
- 春夏 (　　)
- 秋冬 (　　)

138 날 출 出
- 出席 (　　)
- 出勤 (　　)

139 편할 편 便
- 便利 (　　)
- 便所 (　　)

140 평평할 평 平
- 平等 (　　)
- 平和 (　　)

● 배정한자 낱말 활용 141 ~ 160

141 下 아래 하	142 夏 여름 하	143 漢 한수 한	144 海 바다 해
• 下等 (하등) • 下級 (하급)	• 夏期 ( ) • 夏節 ( )	• 漢字 ( ) • 漢文 ( )	• 海岸 ( ) • 海軍 ( )

145 花 꽃 화	146 話 말씀 화	147 活 살 활	148 孝 효도 효
• 花盆 ( ) • 花壇 ( )	• 話術 ( ) • 話法 ( )	• 活氣 ( ) • 活躍 ( )	• 孝子 ( ) • 孝女 ( )

149 後 뒤 후	150 休 쉴 휴	151 各 각각 각	152 角 뿔 각
• 後光 ( ) • 後繼 ( )	• 休暇 ( ) • 休息 ( )	• 各樣 ( ) • 各色 ( )	• 角度 ( ) • 角木 ( )

153 感 느낄 감	154 強 강할 강	155 開 열 개	156 京 서울 경
• 感情 ( ) • 感激 ( )	• 強度 ( ) • 強力 ( )	• 開放 ( ) • 開化 ( )	• 京城 ( ) • 京鄕 ( )

157 計 셀 계	158 界 지경 계	159 高 높을 고	160 苦 쓸 고
• 計算 ( ) • 計數 ( )	• 世界 ( ) • 境界 ( )	• 高級 ( ) • 高價 ( )	• 苦學 ( ) • 苦生 ( )

memo

● 배정한자 낱말 활용 (161 ~ 180)

161 古 예 고
- 古都 (고도)
- 古宮 (고궁)

162 功 공 공
- 功臣 (　　)
- 功勞 (　　)

163 公 공평할 공
- 公共 (　　)
- 公平 (　　)

164 共 한가지 공
- 共同 (　　)
- 共生 (　　)

165 科 과목 과
- 科學 (　　)
- 科目 (　　)

166 果 실과 과
- 果實 (　　)
- 果樹 (　　)

167 光 빛 광
- 光線 (　　)
- 光明 (　　)

168 交 사귈 교
- 交代 (　　)
- 交通 (　　)

169 球 공 구
- 地球 (　　)
- 蹴球 (　　)

170 區 구분할 구
- 區域 (　　)
- 區分 (　　)

171 郡 고을 군
- 郡民 (　　)
- 郡守 (　　)

172 近 가까울 근
- 近處 (　　)
- 近郊 (　　)

173 根 뿌리 근
- 根本 (　　)
- 根源 (　　)

174 今 이제 금
- 今時 (　　)
- 初聞 (　　)

175 級 등급 급
- 學級 (　　)
- 級友 (　　)

176 急 급할 급
- 急速 (　　)
- 急流 (　　)

177 多 많을 다
- 多少 (　　)
- 多數 (　　)

178 短 짧을 단
- 短期 (　　)
- 短縮 (　　)

179 堂 집 당
- 別堂 (　　)
- 祠堂 (　　)

180 待 기다릴 대
- 招待 (　　)
- 待接 (　　)

● 배정한자 낱말 활용　181~200

181 代 대신 대
- 代理 (대리)
- 代身 (대신)

182 對 대할 대
- 對面 (　　)
- 對答 (　　)

183 圖 그림 도
- 地圖 (　　)
- 圖案 (　　)

184 度 법도 도
- 態度 (　　)
- 度量 (　　)

185 讀 읽을 독
- 讀書 (　　)
- 讀解 (　　)

186 童 아이 동
- 童心 (　　)
- 童話 (　　)

187 頭 머리 두
- 頭腦 (　　)
- 頭目 (　　)

188 等 무리 등
- 等級 (　　)
- 等數 (　　)

189 樂 즐길 락
- 樂園 (　　)
- 樂天 (　　)

190 路 길 로
- 高速 (　　)
- 道路 (　　)

191 綠 푸를 록
- 綠葉 (　　)
- 綠色 (　　)

192 例 법식 례
- 例問 (　　)
- 例示 (　　)

193 禮 예도 례
- 禮訪 (　　)
- 禮節 (　　)

194 李 오얏 리
- 李氏 (　　)
- 朝鮮 (　　)

195 利 이로울 리
- 利益 (　　)
- 利權 (　　)

196 理 다스릴 리
- 理致 (　　)
- 理論 (　　)

197 明 밝을 명
- 明暗 (　　)
- 明白 (　　)

198 目 눈 목
- 目標 (　　)
- 目的 (　　)

199 聞 들을 문
- 新聞 (　　)
- 見聞 (　　)

200 米 쌀 미
- 玄米 (　　)
- 白米 (　　)

memo

● 배정한자 낱말 활용 201 ~ 220

201 美 아름다울 미
- 美國 (미국)
- 美軍 (미군)

202 朴 성 박
- 素朴 (　　　)
- 淳朴 (　　　)

203 班 나눌 반
- 兩班 (　　　)
- 班長 (　　　)

204 反 돌이킬 반
- 反省 (　　　)
- 反對 (　　　)

205 半 반 반
- 半球 (　　　)
- 半島 (　　　)

206 發 필 발
- 發電 (　　　)
- 發達 (　　　)

207 放 놓을 방
- 放學 (　　　)
- 放送 (　　　)

208 番 차례 번
- 番號 (　　　)
- 缺番 (　　　)

209 別 다를 별
- 別室 (　　　)
- 別分 (　　　)

210 病 병 병
- 病院 (　　　)
- 病苦 (　　　)

211 服 옷 복
- 校服 (　　　)
- 服裝 (　　　)

212 本 근본 본
- 本能 (　　　)
- 本性 (　　　)

213 部 떼 부
- 上部 (　　　)
- 部分 (　　　)

214 分 나눌 분
- 分數 (　　　)
- 分析 (　　　)

215 社 모일 사
- 會社 (　　　)
- 社長 (　　　)

216 死 죽을 사
- 死亡 (　　　)
- 死別 (　　　)

217 使 하여금 사
- 使臣 (　　　)
- 使命感 (　　　)

218 書 글 서
- 書店 (　　　)
- 書冊 (　　　)

219 石 돌 석
- 石塔 (　　　)
- 石彫 (　　　)

220 席 자리 석
- 座席 (　　　)
- 立席 (　　　)

● 배정한자 낱말 활용 221~240

memo

221 線 줄 선
- 線路 (선 로)
- 直線 (직선)

222 雪 눈 설
- 雪峰 (　　)
- 雪景 (　　)

223 省 살필 성
- 一日 (　　)
- 三省 (　　)

224 成 이룰 성
- 成果 (　　)
- 成功 (　　)

225 消 사라질 소
- 消滅 (　　)
- 消耗 (　　)

226 速 빠를 속
- 速報 (　　)
- 速成 (　　)

227 孫 손자 손
- 孫子 (　　)
- 孫女 (　　)

228 樹 나무 수
- 樹林 (　　)
- 樹液 (　　)

229 術 재주 술
- 技術 (　　)
- 美術 (　　)

230 習 익힐 습
- 練習 (　　)
- 見習 (　　)

231 勝 이길 승
- 勝利 (　　)
- 勝者 (　　)

232 始 비로소 시
- 始動 (　　)
- 始作 (　　)

233 式 법 식
- 格式 (　　)
- 方式 (　　)

234 神 귀신 신
- 神父 (　　)
- 神聖 (　　)

235 身 몸 신
- 身體 (　　)
- 身檢 (　　)

236 信 믿을 신
- 信念 (　　)
- 信望 (　　)

237 新 새 신
- 新聞 (　　)
- 新曲 (　　)

238 失 잃을 실
- 失格 (　　)
- 失望 (　　)

239 愛 사랑 애
- 愛情 (　　)
- 愛憎 (　　)

240 野 들 야
- 野外 (　　)
- 野遊會 (　　)

memo

● 배정한자 낱말 활용 241 ~ 260

241 夜 밤 야
- 夜間 (야간)
- 夜勤 (야근)

242 藥 약 약
- 藥局 (　　)
- 藥效 (　　)

243 弱 약할 약
- 弱者 (　　)
- 弱點 (　　)

244 陽 볕 양
- 太陽 (　　)
- 陽地 (　　)

245 洋 큰바다 양
- 五大洋 (　　)
- 遠洋 (　　)

246 言 말씀 언
- 言辯 (　　)
- 言語 (　　)

247 業 업 업
- 業體 (　　)
- 職業 (　　)

248 永 길 영
- 永久 (　　)
- 永生 (　　)

249 英 꽃부리 영
- 英材 (　　)
- 敎育 (　　)

250 溫 따뜻할 온
- 溫湯 (　　)
- 溫氣 (　　)

251 勇 날랠 용
- 勇猛 (　　)
- 勇氣 (　　)

252 用 쓸 용
- 用具 (　　)
- 用途 (　　)

253 運 옮길 운
- 運轉 (　　)
- 運送 (　　)

254 園 동산 원
- 公園 (　　)
- 庭園 (　　)

255 遠 멀 원
- 遠近 (　　)
- 遠隔 (　　)

256 油 기름 유
- 油田 (　　)
- 石油 (　　)

257 由 말미암을 유
- 自由 (　　)
- 主義 (　　)

258 銀 은 은
- 銀行 (　　)
- 銀賞 (　　)

259 飮 마실 음
- 飮酒 (　　)
- 運轉 (　　)

260 音 소리 음
- 音樂 (　　)
- 音盤 (　　)

● 배정한자 낱말 활용 (261 ~ 280)

261 意 — 뜻 의
- 意見 (의견)
- 意慾 (의욕)

262 衣 — 옷 의
- 衣服 (   )
- 衣類 (   )

263 醫 — 의원 의
- 醫療 (   )
- 保險 (   )

264 者 — 놈 자
- 筆者 (   )
- 記者 (   )

265 昨 — 어제 작
- 昨日 (   )
- 昨年 (   )

266 作 — 지을 작
- 作詞 (   )
- 作曲 (   )

267 章 — 글 장
- 憲章 (   )
- 圖章 (   )

268 在 — 있을 재
- 在學 (   )
- 在京 (   )

269 才 — 재주 재
- 才致 (   )
- 才談 (   )

270 戰 — 싸울 전
- 戰爭 (   )
- 戰死 (   )

271 庭 — 뜰 정
- 校庭 (   )
- 庭園 (   )

272 定 — 정할 정
- 定價 (   )
- 定立 (   )

273 題 — 제목 제
- 題目 (   )
- 宿題 (   )

274 第 — 차례 제
- 第一 (   )
- 落第 (   )

275 朝 — 아침 조
- 朝會 (   )
- 朝餐 (   )

276 族 — 겨레 족
- 親族 (   )
- 族譜 (   )

277 晝 — 낮 주
- 晝耕 (   )
- 夜讀 (   )

278 注 — 부을 주
- 注射 (   )
- 注意 (   )

279 集 — 모을 집
- 集結 (   )
- 集團 (   )

280 窓 — 창 창
- 窓門 (   )
- 窓口 (   )

memo

memo

● 배정한자 낱말 활용 281 ~ 300

281 清 맑을 청
- 清潔 (청 결)
- 清純 (청 순)

282 體 몸 체
- 體育 (　　)
- 體操 (　　)

283 親 친할 친
- 親睦 (　　)
- 親近 (　　)

284 太 클 태
- 太陽 (　　)
- 太極旗(　　)

285 通 통할 통
- 通話 (　　)
- 通報 (　　)

286 特 특별할 특
- 特別 (　　)
- 特級 (　　)

287 表 겉 표
- 表面 (　　)
- 表示 (　　)

288 風 바람 풍
- 風車 (　　)
- 風俗 (　　)

289 合 합할 합
- 合同 (　　)
- 合宿 (　　)

290 行 다닐 행
- 行動 (　　)
- 行實 (　　)

291 幸 다행 행
- 幸運 (　　)
- 幸福 (　　)

292 向 향할 향
- 向方 (　　)
- 方向 (　　)

293 現 나타날 현
- 現金 (　　)
- 現實 (　　)

294 形 모양 형
- 形式 (　　)
- 形態 (　　)

295 號 이름 호
- 號令 (　　)
- 番號 (　　)

296 畵 그림화/획
- 畵家 (　　)
- 漫畵 (　　)

297 和 화할 화
- 和睦 (　　)
- 和平 (　　)

298 黃 누를 황
- 黃金 (　　)
- 黃色 (　　)

299 會 모일 회
- 會見 (　　)
- 會談 (　　)

300 訓 가르칠 훈
- 訓育 (　　)
- 訓練 (　　)

memo

정		약					훈·음
價 (값 가)	➡	価	価			価格 가격	훈 값 음 가 / 훈 격식 음 격
假 (거짓 가)	➡	仮	仮			仮面 가면	훈 거짓 음 가 / 훈 낯 음 면
覺 (깨달을 각)	➡	覚	覚			覚醒 각성	훈 깨달을 음 각 / 훈 깰 음 성
據 (근거 거)	➡	拠	拠			根拠 근거	훈 뿌리 음 근 / 훈 근거 음 거
擧 (들 거)	➡	挙	挙			選擧 선거	훈 가릴 음 선 / 훈 들 음 거
儉 (검소할 검)	➡	倹	倹			倹素 검소	훈 검소할 음 검 / 훈 흴(본디) 음 소
檢 (검사할 검)	➡	検	検			検査 검사	훈 검사할 음 검 / 훈 조사할 음 사
堅 (굳을 견)	➡	堅	堅			堅固 견고	훈 굳을 음 견 / 훈 굳을 음 고
輕 (가벼울 경)	➡	軽	軽			軽重 경중	훈 가벼울 음 경 / 훈 무거울 음 중
經 (지날 경)	➡	経	経			経濟 경제	훈 지날 음 경 / 훈 건널 음 제
繼 (이을 계)	➡	継	継			継續 계속	훈 이을 음 계 / 훈 이을 음 속
關 (관계할 관)	➡	関	関			関係 관계	훈 관계할 음 관 / 훈 맺을 음 계

정		약					훈·음
觀 (볼 관)	➡	観	観			觀察 관찰	훈 볼 음 관 / 훈 살필 음 찰
廣 (넓을 광)	➡	広	広			広場 광장	훈 넓을 음 광 / 훈 마당 음 장
鑛 (쇳돌 광)	➡	鉱	鉱			炭鑛 탄광	훈 숯 음 탄 / 훈 쇳돌 음 광
區 (구분할 구)	➡	区	区			区域 구역	훈 구분할 음 구 / 훈 지경 음 역
舊 (예 구)	➡	旧	旧			旧習 구습	훈 예 음 구 / 훈 익힐 음 습
國 (나라 국)	➡	国	国			国民 국민	훈 나라 음 국 / 훈 백성 음 민
權 (권세 권)	➡	権	権			権力 권력	훈 권세 음 권 / 훈 힘 음 력
勸 (권할 권)	➡	勧	勧			勧奬 권장	훈 권할 음 권 / 훈 장려할 음 장
歸 (돌아갈 귀)	➡	帰	帰			帰家 귀가	훈 돌아갈 음 귀 / 훈 집 음 가
氣 (기운 기)	➡	気	気			気勢 기세	훈 기운 음 기 / 훈 기세 음 세
斷 (끊을 단)	➡	断	断			断切 단절	훈 끊을 음 단 / 훈 끊을 음 절
團 (둥근 단)	➡	団	団			団體 단체	훈 둥근 음 단 / 훈 몸 음 체

memo

정		약					단어	훈 홀　음 단
單 (홑 단)	➡	単	単				単語 단 어	훈 말씀　음 어
擔 (멜 담)	➡	担	担				担任 담 임	훈 멜　음 담 / 훈 맡길　음 임
當 (마땅할 당)	➡	当	当				当然 당 연	훈 마땅할　음 당 / 훈 그럴　음 연
黨 (무리 당)	➡	党	党				脫党 탈 당	훈 벗을　음 탈 / 훈 무리　음 당
對 (대할 대)	➡	対	対				対答 대 답	훈 대할　음 대 / 훈 답할　음 답
德 (큰 덕)	➡	德	德				道德 도 덕	훈 길　음 도 / 훈 큰　음 덕
圖 (그림 도)	➡	図	図				地図 지 도	훈 따　음 지 / 훈 그림　음 도
讀 (읽을 독)	➡	読	読				読書 독 서	훈 읽을　음 독 / 훈 글　음 서
獨 (홀로 독)	➡	独	独				独身 독 신	훈 홀로　음 독 / 훈 몸　음 신
燈 (등 등)	➡	灯	灯				街路灯 가 로 등	훈 거리　음 가 / 훈 길　음 로 / 훈 등　음 등
樂 (즐길 락)	➡	楽	楽				楽園 락(낙) 원	훈 즐길　음 락 / 훈 동산　음 원
亂 (어지러울 란)	➡	乱	乱				騷乱 소 란	훈 시끄러울　음 소 / 훈 어지러울　음 란

정		약						훈 갈 · 음 거
來 (올 래)	➡	来	来				去来 거 래	훈 올 · 음 래

정		약						훈 두 · 음 량
兩 (두 량)	➡	両	両				両側 양 측	훈 곁 · 음 측

정		약						훈 지날 · 음 력
歷 (지날 력)	➡	歴	歴				歴史 역 사	훈 사기 · 음 사

정		약						훈 예도 · 음 례
禮 (예도 례)	➡	礼	礼				礼節 예 절	훈 마디 · 음 절

정		약						훈 용 · 음 룡
龍 (용 룡)	➡	竜	竜				竜宮 용 궁	훈 집 · 음 궁

정		약						훈 찰 · 음 만
滿 (찰 만)	➡	満	満				満足 만 족	훈 발 · 음 족

정		약						훈 일만 · 음 만
萬 (일만 만)	➡	万	万				万億 만 억	훈 억 · 음 억

정		약						훈 팔 · 음 매
賣 (팔 매)	➡	売	売				売却 매 각	훈 물러날 · 음 각

정		약						훈 필 · 음 발
發 (필 발)	➡	発	発				発展 발 전	훈 펼 · 음 전

정		약						훈 물 · 음 강
邊 (가 변)	➡	辺	辺				江辺 강 변	훈 가 · 음 변

정		약						훈 변할 · 음 변
變 (변할 변)	➡	変	変				変更 변 경	훈 고칠 · 음 경

정		약						훈 보배 · 음 보
寶 (보배 보)	➡	宝	宝				宝石 보 석	훈 돌 · 음 석

정		약			어휘	훈	음
佛 (부처 불)	➡	仏	仏		仏教 불교	부처 / 가르칠	불 / 교
寫 (베낄 사)	➡	写	写		写眞 사진	베낄 / 참	사 / 진
牀 (상 상)	➡	床	床		冊床 책상	책 / 상	책 / 상
絲 (실 사)	➡	糸	糸		絹糸 견사	비단 / 실	견 / 사
狀 (형상 상)	➡	状	状		状況 상황	형상 / 상황	상 / 황
聲 (소리 성)	➡	声	声		声樂 성악	소리 / 풍류	성 / 악
數 (셈 수)	➡	数	数		数學 수학	셈 / 배울	수 / 학
肅 (엄숙할 숙)	➡	粛	粛		嚴肅 엄숙	엄할 / 엄숙할	엄 / 숙
實 (열매 실)	➡	実	実		実踐 실천	열매 / 밟을	실 / 천
惡 (악할 악)	➡	悪	悪		悪鬼 악귀	악할 / 귀신	악 / 귀
壓 (누를 압)	➡	圧	圧		圧力 압력	누를 / 힘	압 / 력
樣 (모양 양)	➡	様	様		貌様 모양	모양 / 모양	모 / 양

memo

memo

정		약				예	훈·음
餘 (남을 여)	➡	余	余			余裕 여유	훈 남을 음 여 / 훈 넉넉할 음 유
與 (더불 여)	➡	与	与			与黨 여당	훈 더불 음 여 / 훈 무리 음 당
榮 (영화 영)	➡	栄	栄			栄光 영광	훈 영화 음 영 / 훈 빛 음 광
藝 (재주 예)	➡	芸	芸			芸能 예능	훈 재주 음 예 / 훈 능할 음 능
豫 (미리 예)	➡	予	予			予金 예금	훈 미리 음 예 / 훈 쇠 음 금
圍 (에워쌀 위)	➡	囲	囲			範囲 범위	훈 모범 음 범 / 훈 에워쌀 음 위
應 (응할 응)	➡	応	応			応援 응원	훈 응할 음 응 / 훈 도울 음 원
醫 (의원 의)	➡	医	医			医師 의사	훈 의원 음 의 / 훈 스승 음 사
者 (놈 자)	➡	者	者			記者 기자	훈 기록할 음 기 / 훈 놈 음 자
雜 (섞일 잡)	➡	雑	雑			雜誌 잡지	훈 섞일 음 잡 / 훈 뜻 음 지
奬 (장려할 장)	➡	奨	奨			勸奬 권장	훈 권할 음 권 / 훈 장려할 음 장
壯 (장할 장)	➡	壮	壮			壯夫 장부	훈 장할 음 장 / 훈 지아비 음 부

memo

정	약		단어	훈음
爭 (다툴 쟁)	争	争	争取 쟁취	훈 다툴 음 쟁 / 훈 가질 음 취
轉 (구를 전)	転	転	転出 전출	훈 구를 음 전 / 훈 날 음 출
錢 (돈 전)	銭	銭	銭票 전표	훈 돈 음 전 / 훈 표 음 표
戰 (싸울 전)	戦	戦	戦争 전쟁	훈 싸울 음 전 / 훈 다툴 음 쟁
傳 (전할 전)	伝	伝	伝達 전달	훈 전할 음 전 / 훈 통달할 음 달
點 (점 점)	点	点	点火 점화	훈 점 음 점 / 훈 불 음 화
濟 (건널 제)	済	済	済度 제도	훈 건널 음 제 / 훈 법도 음 도
卒 (마칠 졸)	卆	卆	卆兵 졸병	훈 마칠 음 졸 / 훈 군사 음 병
證 (증거 증)	証	証	証據 증거	훈 증거 음 증 / 훈 의거할 음 거
處 (곳 처)	処	処	処所 처소	훈 곳 음 처 / 훈 바 음 소
鐵 (쇠 철)	鉄	鉄	鉄筋 철근	훈 쇠 음 철 / 훈 힘줄 음 근
廳 (관청 청)	庁	庁	庁舍 청사	훈 관청 음 청 / 훈 집 음 사

정		약					한자어	훈·음
體 (몸 체)	➡	体	体				体育 체육	훈 몸 음 체 / 훈 기를 음 육
總 (다 총)	➡	総	総				総理 총리	훈 다 음 총 / 훈 다스릴 음 리
蟲 (벌레 충)	➡	虫	虫				虫齒 충치	훈 벌레 음 충 / 훈 이 음 치
齒 (이 치)	➡	歯	歯				歯科 치과	훈 이 음 치 / 훈 과목 음 과
稱 (일컬을 칭)	➡	称	称				称號 칭호	훈 일컬을 음 칭 / 훈 범 음 호
擇 (가릴 택)	➡	択	択				択日 택일	훈 가릴 음 택 / 훈 날 음 일
學 (배울 학)	➡	学	学				学校 학교	훈 배울 음 학 / 훈 학교 음 교
虛 (빌 허)	➡	虚	虚				虚空 허공	훈 빌 음 허 / 훈 빌 음 공
顯 (나타날 현)	➡	顕	顕				顕忠日 현충일	훈 나타날 음 현 / 훈 충성 음 충 / 훈 날 음 일
號 (이름 호)	➡	号	号				号令 호령	훈 이름 음 호 / 훈 명령 음 령
畵 (그림 화)	➡	画	画				映画 영화	훈 비칠 음 영 / 훈 그림 음 화
會 (모일 회)	➡	会	会				会議 회의	훈 모일 음 회 / 훈 의논할 음 의

총부수 214 훈음 찾아보기표

* 부수 이름은 학자에 따라 다양한 명칭으로 사용하기도 함.

부수	명칭	부수	명칭	부수	명칭	부수	명칭
1획		卩(㔾)	병부 절	幺	작을 요	歹(歺)	살 발린뼈 알
一	한 일	厂	언덕 엄	广	집 엄	殳	창 수
ㅣ	뚫을 곤	厶	사사로울 사	廴	끌 인	毋	말 무
、	점 주	又	또 우	廾	들 공	比	견줄 비
ノ	삐칠 별	**3획**		弋	주살 익	毛	털 모
乙	새 을	口	입 구	弓	활 궁	氏	성 씨
亅	갈고리 궐	囗	에울 위	彐	돼지머리 계	气	기운 기
2획		土	흙 토	彡	터럭 삼	水(氵)	물 수
二	두 이	士	선비 사	彳	자축거릴 척	火(灬)	불 화
亠	머리 부분 두	夂	뒤져올 치	**4획**		爪(爫)	손톱 조
人(亻)	사람 인	夊	천천히 걸을 쇠	心(忄)	마음 심	父	아버지 부
儿	어진사람 인	夕	저녁 석	戈	창 과	爻	점괘 효
入	들 입	大	큰 대	戶	지게문 호	爿	나무조각 장
八	여덟 팔	女	여자 녀	手(扌)	손 수	片	조각 편
冂	멀 경	子	아들 자	支	지탱할 지	牙	어금니 아
冖	덮을 멱	宀	집 면	攴(攵)	칠 복	牛	소 우
冫	얼음 빙	寸	마디 촌	文	글월 문	犬	개 견
几	책상 궤	小	작을 소	斗	말 두	**5획**	
凵	입벌릴 감	尢	절름발이 왕	斤	도끼 근	玄	검을 현
刀(刂)	칼 도	尸	주검 시	方	모 방	玉(王)	구슬 옥
力	힘 력	屮	싹날 철	无(旡)	없을 무	瓜	오이 과
勹	쌀 포	山	메 산	日	날 일	瓦	기와 와
匕	비수 비	巛	내 천	曰	가로 왈	甘	달 감
匚	상자 방	工	장인 공	月	달 월	生	날 생
匸	감출 혜	己	몸 기	木	나무 목	用	쓸 용
十	열 십	巾	수건 건	欠	하품 흠	田	밭 전
卜	점 복	干	방패 간	止	그칠 지	疋	발 필

부수	명칭		부수	명칭		부수	명칭		부수	명칭	
疒	병들어 기댈	녁	臼	절구	구	酉	닭	유	鬯	술	창
癶	어그러질	발	舌	혀	설	釆	분별할	변	鬲	오지병	격
白	흰	백	舛	어그러질	천	里	마을	리	鬼	귀신	**귀**
皮	가죽	피	舟	배	주	**8획**			**11획**		
皿	그릇	명	艮	그칠	간	金	쇠	금	魚	물고기	어
目(罒)	눈	목	色	빛	색	長	긴	장	鳥	새	조
矛	창	모	艸(艹)	풀	초	門	문	문	鹵	소금밭	로
矢	화살	시	虍	범	호	阜(阝)	언덕	부	鹿	사슴	록
石	돌	석	虫	벌레	충	隶	미칠	대	麥	보리	맥
示(礻)	보일	시	血	피	혈	隹	새	추	麻	삼	마
禸	발자국	유	行	다닐	행	雨	비	우	**12획**		
禾	벼	화	衣(礻)	옷	의	靑	푸를	청	黃	누를	황
穴	구멍	혈	襾	덮을	아	非	아닐	비	黍	기장	서
立	설	립	**7획**			**9획**			黑	검을	흑
6획			見	볼	견	面	얼굴	면	黹	바느질	치
竹	대나무	죽	角	뿔	각	革	가죽	혁	**13획**		
米	쌀	미	言	말씀	언	韋	가죽	위	黽	맹꽁이	맹
糸	실	사	谷	골짜기	곡	韭	부추	구	鼎	솥	정
缶	장군	부	豆	콩	두	音	소리	음	鼓	북	고
网(罒)	그물	망	豕	돼지	시	頁	머리	혈	鼠	쥐	서
羊	양	양	豸	해태	치	風	바람	풍	**14획**		
羽	깃	우	貝	조개	패	飛	날	비	鼻	코	비
老(耂)	늙을	로	赤	붉을	적	食	밥	식	齊	가지런할	제
而	말이을	이	走	달릴	주	首	머리	수	**15획**		
耒	쟁기	뢰	足(𧾷)	발	족	香	향기	향	齒	이	치
耳	귀	이	身	몸	신	**10획**			**16획**		
聿	붓	율	車	수레	거	馬	말	마	龍	용	룡
肉(月)	고기	육	辛	매울	신	骨	뼈	골	龜	거북	귀
臣	신하	신	辰	별	진	高	높을	고	**17획**		
自	스스로	자	辵(辶)	쉬엄쉬엄갈	착	髟	긴털드리울	표	龠	피리	약
至	이를	지	邑(阝)	고을	읍	鬥	싸움	투			

6級

漢字能力檢定用

5편 최근 기출 문제

▌▌▌ 한자능력검정시험 시험문항 유형 및 출제기준 ▌▌▌

유형별 출제문항수	8급	7급	6급Ⅱ	6급	5급	4급Ⅱ	4급	3급Ⅱ	3급	2급	1급	특급Ⅱ·특급	
읽기 배정한자	50	150	300	300	500	750	1,000	1,500	1,817	2,355	3,500	4,918	5,978
쓰기 배정한자	0	0	50	150	300	400	500	750	1,000	1,817	2,005	2,355	3,500

유형	8급	7급	6급Ⅱ	6급	5급	4급Ⅱ	4급	3급Ⅱ	3급	2급	1급	특급Ⅱ·특급
독음(讀音)	24	32	32	33	35	35	30	45	45	45	50	50
한자(漢字) 쓰기	0	0	10	20	20	20	20	30	30	30	40	40
훈음(訓音) 쓰기	24	30	29	22	23	22	22	27	27	27	32	32
성구완성(成句完成)	0	2	2	3	4	5	5	10	10	10	15	15
반의어·상대어	0	2	2	3	3	3	3	10	10	10	10	10
뜻 풀이	0	2	2	2	3	3	3	5	5	5	10	10
동의어·상대어	0	0	0	2	3	3	3	5	5	5	10	10
동음이의어(同音異義語)	0	0	0	2	3	3	3	5	5	5	10	10
장단음(長短音)	0	0	0	0	0	0	5	5	5	5	10	10
부수(部首)	0	0	0	0	0	3	3	5	5	5	10	10
약자(略字)	0	0	0	0	3	3	3	3	3	3	3	3
필순(筆順)	2	2	3	3	3	0	0	0	0	0	0	0
출제 문항수	50	70	80	90	100	100	100	150	150	150	200	200
합격점	35	49	56	63	70	70	70	105	105	105	160	160
시험시간(분)	50							60			90	100

▌한자능력검정시험 관련 사이트

- 한국어문회 : www.hanja.re.kr(02-525-4951)
- 한국한자교육연구회 : www.hanja.net(02-708-4949~50)
- 한국외국어자격평가원 : www.leveltest.or.kr(02-3665-3093~6)
- 지식기반한자검정평가원 : www.ib.or.kr(02-2209-9700)

第34回 漢字能力檢定試驗 6級 問題

(社)韓國語文會 · 韓國漢字能力檢定會

[問 1~33] 다음 漢字語의 讀音를 쓰세요.

> **〈예〉** 漢字 → 한자

(1) 教育   (2) 半球   (3) 大洋

(4) 開放   (5) 感度   (6) 手足

(7) 弱小   (8) 現在   (9) 愛用

(10) 理由   (11) 集合   (12) 平和

(13) 童子   (14) 代身   (15) 老人

(16) 分母   (17) 空席   (18) 美術

(19) 飮食   (20) 所聞   (21) 世習

(22) 新式   (23) 失言   (24) 衣服

(25) 太陽   (26) 親族   (27) 通路

(28) 國家   (29) 勝戰   (30) 晝夜

(31) 勇氣   (32) 花園   (33) 風向

[問 34~56] 다음 漢字의 訓과 音을 쓰세요.

> **〈예〉** 字 → 글자 자

(34) 共   (35) 今   (36) 淸

(37) 頭   (38) 寸   (39) 米

(40) 急   (41) 來   (42) 圖

(43) 外   (44) 住   (45) 白

(46) 等   (47) 千   (48) 作

(49) 反   (50) 苦   (51) 速

(52) 雪   (53) 登   (54) 記

(55) 安   (56) 區

[問 57~76] 다음 밑줄 친 漢字語를 漢字로 쓰세요.

> **〈예〉** 한국 → 韓國

(57) 오늘은 휴일이라 늦잠을 잤다.

(58) 도로가 남북으로 길게 뻗었다.

(59) 일에는 선후가 있다.

(60) 다리를 다쳐서 활동이 어렵다.

(61) 이 영화는 첫 장면이 인상적이다.

(62) 밥 먹을 시간도 없이 바쁘다.

(63) 이 시는 자연을 노래하고 있다.

(64) 여름이 되어 초목이 무성하다.

(65) 여기는 토지가 비옥하다.

(66) 나는 형제가 많은 집에서 태어났다.

(67) 우리나라 동쪽에 있는 바다는 동해
　　이다.

(68) 산림이 훼손되는 것을 막아야 한다.

(69) 전화로 방을 예약했다.

(70) 학교를 세워 훌륭한 인재를 키우고 싶다.

(71) 백방으로 노력했다.

(72) 농촌 생활 체험 교육을 안내하겠습니다.

(73) 장남이 대를 이어 가업을 물려받았다.

(74) 조상들의 지혜를 본받자.

(75) 올해 춘추가 어떻게 되시는지요?

(76) 매월 한 번씩 정기적으로 모이기로 했다.

[問 77~78] 다음 漢字語의 反對字 또는 相對字(상대자)를 골라 번호를 쓰세요.

(77) 朝 : ① 靑 ② 內 ③ 多 ④ 夕

(78) 遠 : ① 近 ② 根 ③ 夏 ④ 川

[問 79~80] 다음 (   )에 들어갈 漢字를 〈예〉에서 찾아 번호를 쓰세요.

〈예〉 ① 市 ② 死 ③ 夏 ④ 待

(79) 九(   )一生

(80) 門前成(   )

[問 81~82] 다음 漢字와 뜻이 비슷한 漢字를 골라 그 번호를 쓰세요.

(81) 堂 : ① 體 ② 室 ③ 特 ④ 江

(82) 算 : ① 數 ② 李 ③ 注 ④ 神

[問 83~85] 다음에서 소리는 같으나 뜻이 다른 漢字를 골라 그 번호를 쓰세요.

(83) 角 : ① 各 ② 幸 ③ 交 ④ 綠

(84) 使 : ① 邑 ② 事 ③ 永 ④ 男

(85) 禮 : ① 便 ② 孫 ③ 例 ④ 朴

[問 86~87] 다음 뜻을 가진 단어를 쓰세요.

〈예〉 쉬는 날 → 휴일

(86) 불을 끔. → (   )

(87) 믿는 마음 → (   )

[問 88~90] 다음 한자의 ㉠ 획의 쓰는 순서를 아래에서 골라 번호를 쓰세요.
(화살표는 ㉠ 획의 위치와 더불어 획을 쓰는 방향을 나타냅니다.)

(88) 表

① 첫 번째　　　② 두 번째

③ 세 번째　　　④ 네 번째

(89) 班

① 다섯 번째　　② 여섯 번째

③ 일곱 번째　　④ 여덟 번째

(90) 野

① 열한 번째　　② 열두 번째

③ 열세 번째　　④ 열네 번째

34회 6급 정답

(1) 교육	(27) 통로	(53) 오를 등	(79) ② 死
(2) 반구	(28) 국가	(54) 기록할 기	(80) ① 市
(3) 대양	(29) 승전	(55) 편안 안	(81) ② 室
(4) 개방	(30) 주야	(56) 구분할 구	(82) ① 數
(5) 감도	(31) 용기	(57) 休日	(83) ① 各
(6) 수족	(32) 화원	(58) 南北	(84) ② 事
(7) 약소	(33) 풍향	(59) 先後	(85) ③ 例
(8) 현재	(34) 한가지 공	(60) 活動	(86) 소화/消火
(9) 애용	(35) 이제 금	(61) 場面	(87) 신심/信心
(10) 이유	(36) 맑을 청	(62) 時間	(88) ③ 세 번째
(11) 집합	(37) 머리 두	(63) 自然	(89) ② 여섯 번째
(12) 평화	(38) 마디 촌	(64) 草木	(90) ① 열한 번째
(13) 동자	(39) 쌀 미	(65) 土地	
(14) 대신	(40) 급할 급	(66) 兄弟	
(15) 노인	(41) 올 래	(67) 東海	
(16) 분모	(42) 그림 도	(68) 山林	
(17) 공석	(43) 바깥 외	(69) 電話	
(18) 미술	(44) 살 주	(70) 學校	
(19) 음식	(45) 흰 백	(71) 百方	
(20) 소문	(46) 무리 등	(72) 農村	
(21) 세습	(47) 일천 천	(73) 長男	
(22) 신식	(48) 지을 작	(74) 祖上	
(23) 실언	(49) 돌이킬 반	(75) 春秋	
(24) 의복	(50) 쓸 고	(76) 每月	
(25) 태양	(51) 빠를 속	(77) ④ 夕	
(26) 친족	(52) 눈 설	(78) ① 近	

第35回 漢字能力檢定試驗 6級 Ⅱ 問題

(社)韓國語文會 · 韓國漢字能力檢定會

[문 1~32] 다음 漢字語의 독음을 쓰세요.

> **〈예〉** 漢字 → 한자

(1) 代表　　(2) 交通　　(3) 幸運

(4) 敎室　　(5) 父母　　(6) 安心

(7) 自身　　(8) 樹林　　(9) 道路

(10) 感動　　(11) 民族　　(12) 百姓

(13) 天才　　(14) 農事　　(15) 讀書

(16) 夕陽　　(17) 電氣　　(18) 孝子

(19) 工場　　(20) 正答　　(21) 直線

(22) 住所　　(23) 溫度　　(24) 方向

(25) 發明　　(26) 使用　　(27) 衣服

(28) 野球　　(29) 祖上　　(30) 本部

(31) 美術　　(32) 歌手

[문 33~61] 다음 漢字의 훈(訓)과 음(音)을 쓰세요.

> **〈예〉** 字 → 글자 자

(33) 失　　(34) 光　　(35) 多

(36) 計　　(37) 習　　(38) 短

(39) 綠　　(40) 立　　(41) 命

(42) 夏　　(43) 和　　(44) 里

(45) 休　　(46) 食　　(47) 米

(48) 登　　(49) 面　　(50) 分

(51) 時　　(52) 集　　(53) 信

(54) 空　　(55) 頭　　(56) 川

(57) 花　　(58) 速　　(59) 雪

(60) 有　　(61) 角

[문 62~63] 뜻이 서로 반대(상대)되는 漢字끼리 연결되지 않은 것을 고르시오.

(62) ① 苦 ↔ 樂　　② 長 ↔ 高

　　　③ 遠 ↔ 近　　④ 強 ↔ 弱

(63) ① 老 ↔ 少　　② 出 ↔ 入

　　　③ 內 ↔ 外　　④ 朝 ↔ 石

[문 64~65] 다음 밑줄 친 단어의 (　)안의 글자에 해당하는 漢字를 〈예〉에서 찾아 번호를 쓰세요.

> **〈예〉** ① 聞 ② 家 ③ 海 ④ 昨

(64) 우리 (　　)족은 일요일에 모두 교회에 간다.

(65) 매일 아침 일찍 신(　　)이 온다.

[문 66~67] 다음 漢字語의 알맞은 뜻을 쓰세요.

(66) 反省

(67) 植木

[문 68~77] 다음 밑줄 친 漢字語를 漢字로 쓰세요.

(68) 우리 집은 서대문 근처에 있다.

(69) 사촌 동생이 집에 놀러 왔다.

(70) 아기의 키가 육십 센티미터(cm)가 되었다.

(71) 아주 크지 않은 도시를 중소도시라고 한다.

(72) 칠월부터 여름 방학이 시작된다.

(73) 나는 매일 아침 일찍 학교에 간다.

(74) 나는 감기 때문에 오일 동안 병원에 다녔다.

(75) 그는 남을 잘 돕는 멋있는 청년이다.

(76) 서울은 한강을 중심으로 남북으로 나뉜다.

(77) 아직도 지구 여러 곳에서 화산 폭발이 일어난다.

[문 78~80] 다음 漢字의 ㉠ 획은 몇 번째 쓰는지 〈예〉에서 찾아 그 번호를 쓰세요. (화살표는 ㉠ 획의 위치와 더불어 획을 쓰는 방향을 나타냅니다.)

〈예〉

① 첫 번째　② 두 번째　③ 세 번째

④ 네 번째　⑤ 다섯 번째　⑥ 여섯 번째

⑦ 일곱 번째　⑧ 여덟 번째

⑨ 아홉 번째　⑩ 열 번째　⑪ 열한 번째

(78) 果㉠

(79) 區㉠

(80) 堂㉠

35회 6급 Ⅱ 정답

(1) 대표	(27) 의복	(53) 믿을 신	(78) ⑤ 다섯 번째
(2) 교통	(28) 야구	(54) 빌 공	(79) ③ 세 번째
(3) 행운	(29) 조상	(55) 머리 두	(80) ⑨ 아홉 번째
(4) 교실	(30) 본부	(56) 내 천	
(5) 부모	(31) 미술	(57) 꽃 화	
(6) 안심	(32) 가수	(58) 빠를 속	
(7) 자신	(33) 잃을 실	(59) 눈 설	
(8) 수림	(34) 빛 광	(60) 있을 유	
(9) 도로	(35) 많을 다	(61) 뿔 각	
(10) 감동	(36) 셀 계	(62) ② 長↔高	
(11) 민족	(37) 익힐 습	(63) ④ 朝↔石	
(12) 백성	(38) 짧을 단	(64) ② 家	
(13) 천재	(39) 푸를 록	(65) ① 聞	
(14) 농사	(40) 설 립	(66) (잘잘못을) 돌이켜 살핌.	
(15) 독서	(41) 목숨 명	(67) 나무를 심음.	
(16) 석양	(42) 여름 하	(68) 西大門	
(17) 전기	(43) 화할 화	(69) 四寸	
(18) 효자	(44) 마을 리	(70) 六十	
(19) 공장	(45) 쉴 휴	(71) 中小	
(20) 정답	(46) 먹을 식	(72) 七月	
(21) 직선	(47) 쌀 미	(73) 學校	
(22) 주소	(48) 오를 등	(74) 五日	
(23) 온도	(49) 얼굴 면	(75) 靑年	
(24) 방향	(50) 나눌 분	(76) 南北	
(25) 발명	(51) 때 시	(77) 火山	
(26) 사용	(52) 모을 집		

第35回 漢字能力檢定試驗 6級 問題

(社)韓國語文會 · 韓國漢字能力檢定會

[문 1~33] 다음 漢字語의 讀音을 쓰세요.

> 〈예〉 漢字 → 한자

(1) 頭角　　(2) 世間　　(3) 強風

(4) 地圖　　(5) 計算　　(6) 發育

(7) 注意　　(8) 物理　　(9) 番號

(10) 太陽　　(11) 美色　　(12) 面目

(13) 禮式　　(14) 時空　　(15) 白旗

(16) 海洋　　(17) 登場　　(18) 果樹

(19) 病苦　　(20) 溫室　　(21) 球根

(22) 運命　　(23) 林業　　(24) 書記

(25) 郡民　　(26) 童心　　(27) 電話

(28) 區別　　(29) 百合　　(30) 靑軍

(31) 本部　　(32) 使用　　(33) 交通

[문 34~56] 다음 漢字의 訓과 音을 쓰세요.

> 〈예〉 字 → 글자 자

(34) 待　　(35) 飮　　(36) 雪

(37) 習　　(38) 然　　(39) 黃

(40) 淸　　(41) 公　　(42) 集

(43) 各　　(44) 安　　(45) 親

(46) 同　　(47) 米　　(48) 席

(49) 始　　(50) 勇　　(51) 術

(52) 消　　(53) 孝　　(54) 油

(55) 聞　　(56) 重

[문 57~76] 다음 밑줄 친 漢字語를 漢字로 쓰세요.

> 〈예〉 한국 → 韓國

(57) 그는 8시에 학교에 간다.

(58) 그럴 줄 알고 선수를 쳤다.

(59) 농사를 짓는 일이 힘들다.

(60) 정도를 걷는 사람이 성공한다.

(61) 자신의 성명을 한자로 쓴다.

(62) 주소만 알고 집을 찾기가 어렵다.

(63) 조상으로부터 물려받은 재산이 많다.

(64) 주교님으로부터 좋은 강론을 들었다.

(65) 소수의 의견도 존중되어야 한다.

(66) 인간은 직립으로 걷는다.

(67) 많은 인부들이 땀 흘리며 일하고 있다.

(68) 오늘은 읍내에 장이 서는 날이다.

(69) 교회 장로로서 많은 일을 하고 있다.

(70) 이 번 달에는 <u>휴일</u>이 많다.

(71) <u>식구</u>가 많은데도 화목하게 산다.

(72) 나와 그는 같은 <u>동리</u>에 산다.

(73) 그는 열심히 봉사 <u>활동</u>을 한다.

(74) <u>시외</u>로 나가니 공기가 좋다.

(75) <u>모녀</u> 모두가 미인이었다.

(76) <u>사방</u>으로 큰 길이 났다.

[문 77~78] 다음 漢字語의 反對字 또는 相對字(상대자)를 골라 번호를 쓰세요.

(77) 出 : ① 車 ② 金 ③ 入 ④ 不

(78) 前 : ① 班 ② 後 ③ 信 ④ 弟

[문 79~80] 다음 (   )에 들어갈 漢字를 〈예〉에서 찾아 번호를 쓰세요.

〈예〉 ① 今 ② 朝 ③ 言 ④ 月

(79) 一( )一夕

(80) 東西古( )

[문 81~82] 다음 漢字와 뜻이 비슷한 漢字를 골라 그 번호를 쓰세요.

(81) 畫 : ① 足 ② 午 ③ 石 ④ 失

(82) 家 : ① 代 ② 李 ③ 成 ④ 堂

[문 83~85] 다음에서 소리는 같으나 뜻이 다른 漢字를 골라 그 번호를 쓰세요.

(83) 神 : ① 新 ② 省 ③ 北 ④ 千

(84) 幸 : ① 火 ② 行 ③ 天 ④ 光

(85) 和 : ① 五 ② 畫 ③ 王 ④ 來

[문 86~87] 다음 뜻을 가진 단어를 쓰세요.

〈예〉 쉬는 날 → 휴일

(86) 멀고 가까움. → (   )

(87) 강가의 마을 → (   )

[문 88~90] 다음 漢字의 ㉠ 획은 몇 번째 쓰는지 〈예〉에서 찾아 그 번호를 쓰세요. (화살표는 ㉠ 획의 위치와 더불어 획을 쓰는 방향을 나타냅니다.)

〈예〉
① 첫 번째 ② 두 번째 ③ 세 번째
④ 네 번째 ⑤ 다섯 번째 ⑥ 여섯 번째
⑦ 일곱 번째 ⑧ 여덟 번째
⑨ 아홉 번째 ⑩ 열 번째 ⑪ 열한 번째

(88) 夏

(89) 夜

(90) 等

35회 6급 정답

(1) 두각
(2) 세간
(3) 강풍
(4) 지도
(5) 계산
(6) 발육
(7) 주의
(8) 물리
(9) 번호
(10) 태양
(11) 미색
(12) 면목
(13) 예식
(14) 시공
(15) 백기
(16) 해양
(17) 등장
(18) 과수
(19) 병고
(20) 온실
(21) 구근
(22) 운명
(23) 임업
(24) 서기
(25) 군민
(26) 동심

(27) 전화
(28) 구별
(29) 백합
(30) 청군
(31) 본부
(32) 사용
(33) 교통
(34) 기다릴 대
(35) 마실 음
(36) 눈 설
(37) 익힐 습
(38) 그럴 연
(39) 누를 황
(40) 맑을 청
(41) 공평할 공
(42) 모을 집
(43) 각각 각
(44) 편안 안
(45) 친할 친
(46) 한가지 동
(47) 쌀 미
(48) 자리 석
(49) 비로소 시
(50) 날랠 용
(51) 재주 술
(52) 사라질 소

(53) 효도 효
(54) 기름 유
(55) 들을 문
(56) 무거울 중
(57) 學校
(58) 先手
(59) 農事
(60) 正道
(61) 姓名
(62) 住所
(63) 祖上
(64) 主教(敎)
(65) 少數
(66) 直立
(67) 人夫
(68) 邑内
(69) 長老
(70) 休日
(71) 食口
(72) 洞里
(73) 活動
(74) 市外
(75) 母女
(76) 四方
(77) ③ 入
(78) ② 後

(79) ② 朝
(80) ① 今
(81) ② 午
(82) ④ 堂
(83) ① 新
(84) ② 行
(85) ② 晝
(86) 원근/遠近
(87) 강촌/江村
(88) ⑧ 여덟 번째
(89) ⑥ 여섯 번째
(90) ⑩ 열 번째

第36回 漢字能力檢定試驗 6級 Ⅱ 問題

(社)韓國語文會 · 韓國漢字能力檢定會

[문 1~32] 다음 漢字語의 독음을 쓰세요.

> 〈예〉 漢字 → 한자

(1) 共同　　(2) 多讀　　(3) 理科

(4) 高等　　(5) 區分　　(6) 農夫

(7) 交代　　(8) 工場　　(9) 病苦

(10) 新聞　　(11) 感動　　(12) 合計

(13) 特別　　(14) 頭角　　(15) 衣服

(16) 成事　　(17) 放火　　(18) 每番

(19) 運命　　(20) 野心　　(21) 使者

(22) 書體　　(23) 根本　　(24) 強度

(25) 勝戰　　(26) 數式　　(27) 姓名

(28) 飮食　　(29) 重油　　(30) 便安

(31) 神通　　(32) 始作

[문 33~61] 다음 漢字의 훈(訓)과 음(音)을 쓰세요.

> 〈예〉 字 → 글자 자

(33) 目　　(34) 消　　(35) 林

(36) 由　　(37) 部　　(38) 歌

(39) 待　　(40) 祖　　(41) 發

(42) 然　　(43) 古　　(44) 表

(45) 育　　(46) 功　　(47) 禮

(48) 術　　(49) 和　　(50) 色

(51) 速　　(52) 省　　(53) 美

(54) 英　　(55) 樹　　(56) 溫

(57) 有　　(58) 才　　(59) 用

(60) 在　　(61) 愛

[문 62~71] 다음 밑줄 친 漢字語를 漢字로 쓰세요.

(62) 강당에 학생들이 매우 많다.

(63) 선왕의 뜻을 받들어 백성을 아꼈다.

(64) 교실에서는 조용히 하자.

(65) 모교의 선생님을 만났다.

(66) 도시를 떠나 청산에 살고 싶다.

(67) 백군과 청군의 응원이 볼만했다.

(68) 부녀지간에 사이가 좋았다.

(69) 세월을 일월이라고도 한다.

(70) 그는 만민의 존경을 받았다.

(71) 남북으로 큰 도로가 뚫렸다.

[문 72~73] 뜻이 서로 반대(상대)되는 漢字를 〈예〉에서 골라 그 번호를 쓰세요.

> 〈예〉 ① 入 ② 行 ③ 七 ④ 朝

(72) 出 → (   )

(73) (   ) → 夕

[문 74~75] 다음 漢字語의 알맞은 뜻을 쓰세요.

(74) 遠近

(75) 晝夜

[문 76~77] 다음 밑줄 친 단어의 (   ) 안의 글자에 해당하는 漢字를 〈예〉에서 찾아 그 번호를 쓰세요.

> 〈예〉 ① 音 ② 席 ③ 所 ④ 窓

(76) 주(   )를 가지고 집을 찾아갔다.

(77) (   )문을 열고 청소를 한다.

[문 78~80] 다음 漢字의 ㉠ 획은 몇 번째 쓰는지 〈예〉에서 찾아 그 번호를 쓰세요. (화살표는 ㉠ 획의 위치와 더불어 획을 쓰는 방향을 나타냅니다.)

> 〈예〉
> ① 첫 번째 ② 두 번째 ③ 세 번째
> ④ 네 번째 ⑤ 다섯 번째 ⑥ 여섯 번째
> ⑦ 일곱 번째 ⑧ 여덟 번째 ⑨ 아홉 번째

(78) 來

(79) 家

(80) 永

36회 6급 Ⅱ 정답

(1) 공동	(27) 성명	(53) 아름다울 미	(79) ⑥ 여섯 번째
(2) 다독	(28) 음식	(54) 꽃부리 영	(80) ② 두 번째
(3) 이과	(29) 중유	(55) 나무 수	
(4) 고등	(30) 편안	(56) 따뜻할 온	
(5) 구분	(31) 신통	(57) 있을 유	
(6) 농부	(32) 시작	(58) 재주 재	
(7) 교대	(33) 눈 목	(59) 쓸 용	
(8) 공장	(34) 사라질 소	(60) 있을 재	
(9) 병고	(35) 수풀 림	(61) 사랑 애	
(10) 신문	(36) 말미암을 유	(62) 學生	
(11) 감동	(37) 떼 부	(63) 先王	
(12) 합계	(38) 노래 가	(64) 敎(教)室	
(13) 특별	(39) 기다릴 대	(65) 母校	
(14) 두각	(40) 할아비 조	(66) 靑(青)山	
(15) 의복	(41) 필 발	(67) 白軍	
(16) 성사	(42) 그럴 연	(68) 父女	
(17) 방화	(43) 예 고	(69) 日月	
(18) 매번	(44) 겉 표	(70) 萬民	
(19) 운명	(45) 기를 육	(71) 南北	
(20) 야심	(46) 공 공	(72) ① 入	
(21) 사자	(47) 예도 례	(73) ④ 朝	
(22) 서체	(48) 재주 술	(74) 멀고 가까움.	
(23) 근본	(49) 화할 화	(75) 밤낮	
(24) 강도	(50) 빛 색	(76) ③ 所	
(25) 승전	(51) 빠를 속	(77) ④ 窓	
(26) 수식	(52) 살필 성, 줄일 생	(78) ⑥ 여섯 번째	

第36回 漢字能力檢定試驗 6級 問題

(社)韓國語文會 · 韓國漢字能力檢定會

[문 1~33] 다음 漢字語의 讀音을 쓰세요.

> **〈예〉** 漢字 → 한자

(1) 育成　　(2) 植物　　(3) 發病

(4) 集合　　(5) 通話　　(6) 便利

(7) 代表　　(8) 草木　　(9) 洋服

(10) 太陽　　(11) 分班　　(12) 直角

(13) 感度　　(14) 名醫　　(15) 現在

(16) 登校　　(17) 言行　　(18) 出金

(19) 形體　　(20) 答信　　(21) 兄弟

(22) 科目　　(23) 算術　　(24) 勇氣

(25) 愛用　　(26) 幸運　　(27) 生色

(28) 手足　　(29) 始作　　(30) 失神

(31) 空軍　　(32) 天下　　(33) 開學

[문 34~55] 다음 漢字의 訓과 音을 쓰세요.

> **〈예〉** 字 → 글자 자

(34) 多　　(35) 林　　(36) 共

(37) 死　　(38) 意　　(39) 號

(40) 綠　　(41) 歌　　(42) 頭

(43) 寸　　(44) 外　　(45) 族

(46) 昨　　(47) 聞　　(48) 午

(49) 英　　(50) 交　　(51) 章

(52) 雪　　(53) 京　　(54) 圖

(55) 明

[문 56~75] 다음 밑줄 친 漢字語를 漢字로 쓰세요.

> **〈예〉** 한국 → 韓國

(56) 오늘은 장마가 끝난 후 첫 휴일이다.

(57) 할머니는 원래 읍내 나들이가 드문 편이셨다.

(58) 학교와 집의 중간에 문구점이 있다.

(59) 그는 요즘 매우 활발하게 활동하고 있다.

(60) 세상 사람을 모두 놀라게 할 일이 벌어졌다.

(61) 약속 장소를 모른다.

(62) 소수의 사람만 그 의견에 동의했다.

(63) 지금의 노력이 성패를 좌우할 것이다.

(64) 그런 일을 면전에서 말하기는 쑥스럽구나.

(65) 농가 소득 증대를 위한 사업이 추진된다.

(66) 입학 원서에 주소를 기입했다.

(67) 그는 자연을 벗 삼아 노래한다.

(68) 고려는 어떤 방법으로 북방 민족의 침략을 극복하였는가?

(69) 그 방법은 정도가 아니라고 생각합니다.

(70) 중학교 3년 동안 같은 교실에서 공부하였다.

(71) 여기가 우리 집안의 선조를 모신 사당이다.

(72) 밤 열한 시부터 오전 한 시까지를 자시라고 한다.

(73) 적은 궁지에 몰리자 곧 백기를 들었다.

(74) 그는 팔십 난 노인인데도 늙은 태가 없었다.

(75) 주민의 반대로 공사가 중단되었다.

[문 76~78] 다음 漢字語의 反對字 또는 相對字(상대자)를 골라 그 번호를 쓰세요.

(76) 樂

　　① 洞　② 向　③ 苦　④ 理

(77) 江

　　① 平　② 車　③ 由　④ 山

(78) 和

　　① 戰　② 消　③ 油　④ 郡

[문 79~81] 다음 (　　)에 들어갈 漢字를 〈예〉에서 찾아 그 번호를 쓰세요.

〈예〉　① 夏　② 強　③ 南　④ 古

(79) 長短(　　)弱

(80) 春(　　)秋冬

(81) 東西(　　)今

[문 82~83] 다음 漢字와 뜻이 비슷한 漢字를 골라 그 번호를 쓰세요.

(82) 根

　　① 孝　② 本　③ 路　④ 花

(83) 等

　　① 省　② 勝　③ 習　④ 同

[문 84~85] 다음에서 소리는 같으나 뜻이 다른 漢字를 골라 그 번호를 쓰세요.

(84) 式

　　① 食　② 淸　③ 功　④ 堂

(85) 禮

　　① 樹　② 例　③ 藥　④ 番

[문 86~87] 다음 뜻을 가진 단어를 쓰세요.

〈예〉　쉬는 날 → 휴일

(86) 아침과 저녁 → (　　)

(87) 새해 → (　　)

[문 88~90] 다음 漢字의 ㉠ 획은 몇 번째 쓰는지 〈예〉에서 찾아 그 번호를 쓰세요. (화살표는 ㉠ 획의 위치와 더불어 획을 쓰는 방향을 나타냅니다.)

〈예〉

① 첫 번째 ② 두 번째 ③ 세 번째

④ 네 번째 ⑤ 다섯 번째 ⑥ 여섯 번째

⑦ 일곱 번째 ⑧ 여덟 번째 ⑨ 아홉 번째

⑩ 열 번째 ⑪ 열한 번째 ⑫ 열두 번째

(88) 風

(89) 級

(90) 後

36회 6급 정답

(1) 육성	(27) 생색	(53) 서울 경	(79) ② 強
(2) 식물	(28) 수족	(54) 그림 도	(80) ① 夏
(3) 발병	(29) 시작	(55) 밝을 명	(81) ④ 古
(4) 집합	(30) 실신	(56) 休日	(82) ② 本
(5) 통화	(31) 공군	(57) 邑內	(83) ④ 同
(6) 편리	(32) 천하	(58) 中間	(84) ① 食
(7) 대표	(33) 개학	(59) 活動	(85) ② 例
(8) 초목	(34) 많을 다	(60) 世上	(86) 조석/朝夕
(9) 양복	(35) 수풀 림	(61) 場所	(87) 신년/新年
(10) 태양	(36) 한가지 공	(62) 少數	(88) ① 첫 번째
(11) 분반	(37) 죽을 사	(63) 左右	(89) ⑩ 열 번째
(12) 직각	(38) 뜻 의	(64) 面前	(90) ⑥ 여섯 번째
(13) 감도	(39) 이름 호	(65) 農家	
(14) 명의	(40) 푸를 록	(66) 記入	
(15) 현재	(41) 노래 가	(67) 自然	
(16) 등교	(42) 머리 두	(68) 北方	
(17) 언행	(43) 마디 촌	(69) 正道	
(18) 출금	(44) 바깥 외	(70) 教室	
(19) 형체	(45) 겨레 족	(71) 先祖	
(20) 답신	(46) 어제 작	(72) 子時	
(21) 형제	(47) 들을 문	(73) 白旗	
(22) 과목	(48) 낮 오	(74) 老人	
(23) 산술	(49) 꽃부리 영	(75) 住民	
(24) 용기	(50) 사귈 교	(76) ③ 苦	
(25) 애용	(51) 글 장	(77) ④ 山	
(26) 행운	(52) 눈 설	(78) ① 戰	

第37回 漢字能力檢定試驗 6級 Ⅱ 問題

(社)韓國語文會 · 韓國漢字能力檢定會

[문 1~32] 다음 漢字語의 讀音을 쓰세요.

> **〈예〉** 漢字 → 한자

(1) 作家 　(2) 上席 　(3) 美男

(4) 理由 　(5) 感動 　(6) 書堂

(7) 自習 　(8) 江山 　(9) 平和

(10) 成功 　(11) 反省 　(12) 世界

(13) 春秋 　(14) 歌手 　(15) 日記

(16) 農業 　(17) 道路 　(18) 草綠

(19) 金銀 　(20) 市民 　(21) 發表

(22) 工場 　(23) 空氣 　(24) 共同

(25) 百姓 　(26) 靑色 　(27) 特別

(28) 野球 　(29) 地圖 　(30) 樹木

(31) 不安 　(32) 使用

[문 33~61] 다음 漢字의 훈(訓)과 음(音)을 쓰세요.

> **〈예〉** 字 → 글자 자

(33) 話 　(34) 信 　(35) 食

(36) 土 　(37) 代 　(38) 童

(39) 間 　(40) 計 　(41) 來

(42) 禮 　(43) 部 　(44) 雪

(45) 在 　(46) 形 　(47) 待

(48) 行 　(49) 黃 　(50) 弱

(51) 直 　(52) 住 　(53) 淸

(54) 重 　(55) 京 　(56) 足

(57) 洋 　(58) 運 　(59) 育

(60) 速 　(61) 孝

[문 62~63] 뜻이 서로 반대(상대)되는 漢字끼리 연결되지 않은 것을 고르세요.

(62) ① 祖 ↔ 孫 ② 近 ↔ 遠
　　 ③ 晝 ↔ 夜 ④ 高 ↔ 合

(63) ① 古 ↔ 新 ② 夏 ↔ 冬
　　 ③ 樂 ↔ 老 ④ 朝 ↔ 夕

[문 64~65] 다음 (　　) 안의 글자에 해당하는 漢字를 〈예〉에서 찾아 그 번호를 쓰세요.

> **〈예〉** ① 失 ② 室 ③ 始 ④ 時

(64) 아침에 (실)수로 물을 엎질렀다.

(65) 여덟시에 영화가 (시)작한다.

[문 66~67] 다음 漢字語의 알맞은 뜻을 쓰세요.

(66) 勝戰

(67) 正答

[문 68~77] 다음 (   ) 안의 漢字語를 漢字로 쓰세요.

(68) (구월)이 되면 날씨가 시원해지기 시작한다.

(69) (교장) 선생님께서 우리에게 길을 건널 때는 조심하라고 말씀하셨다.

(70) 어제 (부모)님과 함께 동물원에 갔다.

(71) 그분은 나의 (삼촌)이시다.

(72) 올해 우리 할머니께서는 (팔십) 세가 되셨다.

(73) 우리나라 (서)쪽 바다를 황해라고 부른다.

(74) 나와 동생은 다정한 (형제)로 유명하다.

(75) (군인) 아저씨들이 나라를 지켜 주신다.

(76) (학생)들이 한자 공부를 하고 있다.

(77) 국보 1호 (남대문)은 서울에 있다.

[문 78~80] 다음 漢字의 ㉠ 획은 몇 번째 쓰는지 〈예〉에서 찾아 그 번호를 쓰세요. (화살표는 ㉠ 획의 위치와 더불어 획을 쓰는 방향을 나타냅니다.)

> 〈예〉
> ① 첫 번째 ② 두 번째 ③ 세 번째
> ④ 네 번째 ⑤ 다섯 번째 ⑥ 여섯 번째
> ⑦ 일곱 번째 ⑧ 여덟 번째
> ⑨ 아홉 번째

(78) 年

(79) 衣

(80) 四

37회 6급 Ⅱ 정답

(1) 작가	(27) 특별	(53) 맑을 청	(78) ④ 네 번째
(2) 상석	(28) 야구	(54) 무거울 중	(79) ⑥ 여섯 번째
(3) 미남	(29) 지도	(55) 서울 경	(80) ③ 세 번째
(4) 이유	(30) 수목	(56) 발 족	
(5) 감동	(31) 불안	(57) 큰바다 양	
(6) 서당	(32) 사용	(58) 옮길 운	
(7) 자습	(33) 말씀 화	(59) 기를 육	
(8) 강산	(34) 믿을 신	(60) 빠를 속	
(9) 평화	(35) 먹을 식	(61) 효도 효	
(10) 성공	(36) 흙 토	(62) ④ 高 ↔ 合	
(11) 반성	(37) 대신 대	(63) ③ 樂 ↔ 老	
(12) 세계	(38) 아이 동	(64) ① 失	
(13) 춘추	(39) 사이 간	(65) ③ 始	
(14) 가수	(40) 셀 계	(66) 경기나 전쟁 등에서 겨루어서 이기는 것	
(15) 일기	(41) 올 래		
(16) 농업	(42) 예도 례	(67) 바른 답	
(17) 도로	(43) 떼 부	(68) 九月	
(18) 초록	(44) 눈 설	(69) 校長	
(19) 금은	(45) 있을 재	(70) 父母	
(20) 시민	(46) 꼴 형	(71) 三寸	
(21) 발표	(47) 기다릴 대	(72) 八十	
(22) 공장	(48) 갈 행	(73) 西	
(23) 공기	(49) 누를 황	(74) 兄弟	
(24) 공동	(50) 약할 약	(75) 軍人	
(25) 백성	(51) 곧을 직	(76) 學生	
(26) 청색	(52) 살 주	(77) 南大門	

第37回 漢字能力檢定試驗 6級 問題

(社)韓國語文會 · 韓國漢字能力檢定會

[문 1~33] 다음 漢字語의 讀音을 쓰세요.

> **〈예〉** 漢字 → 한자

(1) 家計　　　(2) 農事　　　(3) 科目

(4) 特別　　　(5) 急速　　　(6) 等式

(7) 近方　　　(8) 書記　　　(9) 線路

(10) 感氣　　(11) 童話　　(12) 運動

(13) 新綠　　(14) 番地　　(15) 先頭

(16) 區分　　(17) 生命　　(18) 短答

(19) 南部　　(20) 消失　　(21) 便利

(22) 洋服　　(23) 開業　　(24) 度數

(25) 出發　　(26) 算術　　(27) 立席

(28) 長孫　　(29) 成年　　(30) 樹林

(31) 勝戰　　(32) 始祖　　(33) 天然

[문 34~56] 다음 漢字의 訓과 音을 쓰세요.

> **〈예〉** 字 → 글자 자

(34) 理　　　(35) 間　　　(36) 每

(37) 苦　　　(38) 物　　　(39) 放

(40) 信　　　(41) 身　　　(42) 永

(43) 陽　　　(44) 野　　　(45) 遠

(46) 使　　　(47) 功　　　(48) 在

(49) 通　　　(50) 省　　　(51) 習

(52) 空　　　(53) 表　　　(54) 由

(55) 意　　　(56) 注

[문 57~76] 다음 밑줄 친 漢字語를 漢字로 쓰세요.

> **〈예〉** 한국 → 韓國

(57) 아름다운 강산에 살고 싶다.

(58) 입구에 사람들이 많이 몰렸다.

(59) 충효는 인륜의 대도이다.

(60) 등교하는 길에 선생님을 만났다.

(61) 죽은 뒤 미래의 세상을 내세라 한다.

(62) 마을을 동리라고 한다.

(63) 성명을 한자로 쓴다.

(64) 청색은 시원한 느낌을 준다.

(65) 그는 많은 재물을 소유하고 있다.

(66) 수족이 찬 것은 건강에 좋지 않다.

(67) 오전 중에 시험이 끝났다.

(68) 읍내에 가면 큰 교회가 있다.

(69) 열흘마다 시장이 선다.

(70) 바람이 불고 <u>동시</u>에 비가 쏟아진다.

(71) 그 동네 <u>주민</u>들은 부자가 많다.

(72) <u>전차</u>를 타고 학교에 다녔다.

(73) 도시의 <u>중심</u>에 병원이 있다.

(74) 그의 가족은 미국과 한국에서 <u>이중생</u>활을 한다.

(75) 그는 <u>정직</u>한 사람이다.

(76) 정원에 <u>화초</u>가 만발하였다.

[문 77~78] 다음 漢字語의 反對字 또는 相對字(상대자)를 골라 그 번호를 쓰세요.

(77) 夕 : ① 日 ② 白 ③ 上 ④ 朝

(78) 强 : ① 面 ② 銀 ③ 弱 ④ 川

[문 79~80] 다음 (   )에 들어갈 漢字를 〈예〉에서 찾아 그 번호를 쓰세요.

〈예〉 ① 作 ② 古 ③ 明 ④ 用

(79) (   )今東西   (80) 淸風(   )月

[문 81~82] 다음 漢字와 뜻이 비슷한 漢字를 골라 그 번호를 쓰세요.

(81) 集 : ① 合 ② 夏 ③ 勇 ④ 水

(82) 堂 : ① 半 ② 木 ③ 食 ④ 室

[문 83~85] 다음에서 소리는 같으나 뜻이 다른 漢字를 골라 그 번호를 쓰세요.

(83) 郡 : ① 軍 ② 根 ③ 公 ④ 界

(84) 美 : ① 米 ② 門 ③ 本 ④ 死

(85) 者 : ① 主 ② 弟 ③ 自 ④ 七

[문 86~87] 다음 뜻을 가진 단어를 쓰세요.

〈예〉 쉬는 날 → 휴일

(86) 밤낮 → (   )

(87) 학업을 쉼. → (   )

[문 88~90] 다음 漢字의 ㉠ 획은 몇 번째 쓰는지 〈예〉에서 찾아 그 번호를 쓰세요. (화살표는 ㉠ 획의 위치와 더불어 획을 쓰는 방향을 나타냅니다.)

〈예〉
① 첫 번째 ② 두 번째 ③ 세 번째
④ 네 번째 ⑤ 다섯 번째 ⑥ 여섯 번째
⑦ 일곱 번째 ⑧ 여덟 번째 ⑨ 아홉 번째
⑩ 열 번째 ⑪ 열한 번째 ⑫ 열두 번째

(88) 雪

(89) 球

(90) 愛

37회 6급 정답

(1) 가계	(27) 입석	(53) 겉 표	(79) ② 古
(2) 농사	(28) 장손	(54) 말미암을 유	(80) ③ 明
(3) 과목	(29) 성년	(55) 뜻 의	(81) ① 合
(4) 특별	(30) 수림	(56) 부을 주	(82) ④ 室
(5) 급속	(31) 승전	(57) 江山	(83) ① 軍
(6) 등식	(32) 시조	(58) 入口	(84) ① 米
(7) 근방	(33) 천연	(59) 大道	(85) ③ 自
(8) 서기	(34) 다스릴 리	(60) 登校	(86) 주야/晝夜
(9) 선로	(35) 사이 간	(61) 來世	(87) 휴학/休學
(10) 감기	(36) 매양 매	(62) 洞里	(88) ④ 네 번째
(11) 동화	(37) 쓸 고	(63) 姓名	(89) ⑩ 열 번째
(12) 운동	(38) 물건 물	(64) 靑色	(90) ⑪ 열한 번째
(13) 신록	(39) 놓을 방	(65) 所有	
(14) 번지	(40) 믿을 신	(66) 手足	
(15) 선두	(41) 몸 신	(67) 午前	
(16) 구분	(42) 길 영	(68) 邑內	
(17) 생명	(43) 볕 양	(69) 市場	
(18) 단답	(44) 들 야	(70) 同時	
(19) 남부	(45) 멀 원	(71) 住民	
(20) 소실	(46) 하여금 사	(72) 電車	
(21) 편리	(47) 공 공	(73) 中心	
(22) 양복	(48) 있을 재	(74) 二重	
(23) 개업	(49) 통할 통	(75) 正直	
(24) 도수	(50) 살필 성/줄일 생	(76) 花草	
(25) 출발	(51) 익힐 습	(77) ④ 朝	
(26) 산술	(52) 빌 공	(78) ③ 弱	

第39回 漢字能力檢定試驗 6級 II 問題

(社)韓國語文會 · 韓國漢字能力檢定會

[문 1~32] 다음 漢字語의 讀音을 쓰세요.

> 〈예〉 漢字 → 한자

(1) 世上　　(2) 高等　　(3) 野外

(4) 速球　　(5) 南部　　(6) 動作

(7) 四角　　(8) 農事　　(9) 綠色

(10) 地圖　　(11) 溫度　　(12) 班長

(13) 姓名　　(14) 算術　　(15) 根本

(16) 海風　　(17) 勝利　　(18) 面目

(19) 工科　　(20) 書記　　(21) 樹林

(22) 每番　　(23) 放心　　(24) 東洋

(25) 植物　　(26) 愛人　　(27) 衣服

(28) 先頭　　(29) 自然　　(30) 幸運

(31) 太陽　　(32) 孝道

[문 33~61] 다음 漢字의 훈(訓)과 음(音)을 쓰세요.

> 〈예〉 字 → 글자 자

(33) 強　　(34) 功　　(35) 答

(36) 足　　(37) 登　　(38) 禮

(39) 命　　(40) 失　　(41) 使

(42) 席　　(43) 美　　(44) 信

(45) 消　　(46) 永　　(47) 始

(48) 氣　　(49) 場　　(50) 多

(51) 光　　(52) 聞　　(53) 路

(54) 區　　(55) 體　　(56) 夫

(57) 油　　(58) 注　　(59) 便

(60) 線　　(61) 休

[문 62~63] 뜻이 서로 반대(상대)되는 漢字끼리 연결되지 않은 것을 고르세요.

(62) ① 左 ↔ 右　② 生 ↔ 死
　　 ③ 古 ↔ 今　④ 弟 ↔ 子

(63) ① 老 ↔ 少　② 祖 ↔ 孫
　　 ③ 春 ↔ 秋　④ 有 ↔ 才

[문 64~65] 다음 (　　) 안의 글자에 해당하는 漢字를 〈예〉에서 찾아 그 번호를 쓰세요.

> 〈예〉 ① 主　② 省　③ 成　④ 住

(64) (주)소만 가지고 집을 찾았다.

(65) 곧 반(성)하고 새 일을 시작했다.

[문 66~67] 다음 漢字語의 알맞은 뜻을 쓰세요.

(66) 國旗

(67) 遠近

[문 68~77] 다음 (   )안의 漢字語를 漢字로 쓰세요.

(68) (교실)에서 정숙하자.

(69) 과일의 (대소)를 구별하여 포장했다.

(70) 왕은 (만민)의 존경을 받았다.

(71) (토목)공사가 한창 벌어지고 있었다.

(72) (청백)군으로 나뉘어서 운동을 했다.

(73) (시월) 달에 쉬는 날이 많다.

(74) 아버지와 형을 (부형)이라 한다.

(75) (화산)에서 용암이 흘러나왔다.

(76) (학교)에서 실험 실습을 했다.

(77) 그 분과 나는 (팔촌)이 되는 사이다.

[문 78~80] 다음 漢字의 ㉠ 획은 몇 번째 쓰는지 〈예〉에서 찾아 그 번호를 쓰세요. (화살표는 ㉠ 획의 위치와 더불어 획을 쓰는 방향을 나타냅니다.)

〈예〉
① 첫 번째 ② 두 번째 ③ 세 번째
④ 네 번째 ⑤ 다섯 번째 ⑥ 여섯 번째
⑦ 일곱 번째 ⑧ 여덟 번째 ⑨ 아홉 번째

(78) 空㉠

(79) 時㉠

(80) 花㉠

39회 6급 Ⅱ 정답

(1) 세상	(27) 의복	(53) 길 로
(2) 고등	(28) 선두	(54) 구분할/지경 구
(3) 야외	(29) 자연	(55) 몸 체
(4) 속구	(30) 행운	(56) 지아비 부
(5) 남부	(31) 태양	(57) 기름 유
(6) 동작	(32) 효도	(58) 부을 주
(7) 사각	(33) 강할 강	(59) 편할 편/똥오줌 변
(8) 농사	(34) 공 공	(60) 줄 선
(9) 녹색	(35) 대답 답	(61) 쉴 휴
(10) 지도	(36) 발 족	(62) ④ 弟 ↔ 子
(11) 온도	(37) 오를 등	(63) ④ 有 ↔ 才
(12) 반장	(38) 예도 례	(64) ④ 住
(13) 성명	(39) 목숨 명	(65) ② 省
(14) 산술	(40) 잃을 실	(66) 나라의 기
(15) 근본	(41) 하여금/부릴 사	(67) 멀고 가까움/가깝고 멂
(16) 해풍	(42) 자리 석	(68) 教室
(17) 승리	(43) 아름다울 미	(69) 大小
(18) 면목	(44) 믿을 신	(70) 萬民
(19) 공과	(45) 사라질 소	(71) 土木
(20) 서기	(46) 길 영	(72) 靑白
(21) 수림	(47) 비로소 시	(73) 十月
(22) 매번	(48) 기운 기	(74) 父兄
(23) 방심	(49) 마당 장	(75) 火山
(24) 동양	(50) 많을 다	(76) 學校
(25) 식물	(51) 빛 광	(77) 八寸
(26) 애인	(52) 들을 문	

(78) ⑤ 다섯 번째
(79) ⑦ 일곱 번째
(80) ⑧ 여덟 번째

第39回 漢字能力檢定試驗 6級 問題

(社)韓國語文會 · 韓國漢字能力檢定會

[문 1~33] 다음 漢字語의 讀音을 쓰세요.

<예> 漢字 → 한자

(1) 頭角　　(2) 感服　　(3) 開放

(4) 車間　　(5) 外界　　(6) 古代

(7) 陽氣　　(8) 溫室　　(9) 直線

(10) 空白　　(11) 庭園　　(12) 運身

(13) 速成　　(14) 風習　　(15) 昨今

(16) 科目　　(17) 話術　　(18) 夜光

(19) 交通　　(20) 洋銀　　(21) 書堂

(22) 根本　　(23) 用例　　(24) 名醫

(25) 勝利　　(26) 意圖　　(27) 近者

(28) 米飮　　(29) 文章　　(30) 登第

(31) 在野　　(32) 等級　　(33) 發表

[문 34~55] 다음 漢字의 訓과 音을 쓰세요.

<예> 字 → 글자 자

(34) 自　　(35) 特　　(36) 夏

(37) 火　　(38) 路　　(39) 春

(40) 夫　　(41) 半　　(42) 住

(43) 時　　(44) 高　　(45) 出

(46) 雪　　(47) 重　　(48) 地

(49) 右　　(50) 向　　(51) 草

(52) 分　　(53) 永　　(54) 聞

(55) 席

[문 56~75] 다음 밑줄 친 漢字語를 漢字로 쓰세요.

<예> 한국 → 韓國

(56) 이 집에는 다섯 가구가 세 들어 살고 있다.

(57) 인간은 만물의 영장이다.

(58) 백성은 나라의 근본이다.

(59) 그도 곧 정계에 입문할 것 같다.

(60) 금월은 바쁘니 내월 초순에 뵙겠습니다.

(61) 철수는 교육대학에 다닌다.

(62) 입동이 지났으니 추워지겠다.

(63) 그는 동리 밖까지 나와 배웅을 해 주었다.

(64) 이 방면에서는 나를 따를 사람이 없다.

(65) 나는 어렸을 때 산촌에서 자랐다.

(66) 화살이 과녁에 명중했다.

(67) 다음 주에 <u>추석</u>을 쇠러 고향에 간다.

(68) 삼면이 바다인 우리나라는 <u>해군</u>의 힘을 길러야 한다.

(69) <u>편안</u>하게 쉬세요.

(70) 지금부터 <u>교가</u>를 제창하겠습니다.

(71) 그는 평생 써온 <u>일기</u>를 정리하여 책으로 출판하였다.

(72) 올 겨울 기온은 <u>평년</u>과 비슷하다.

(73) 그는 선산에 소나무 열 그루를 <u>식목</u>했다.

(74) 우리 사무실은 <u>시내</u>에 있는데도 참 조용하다.

(75) 약속 <u>장소</u>를 잊었다.

[문 76~78] 다음 漢字語의 反對字 또는 相對字(상대자)를 골라 번호를 쓰세요.

(76) 強 : ① 弱 ② 愛 ③ 多 ④ 禮

(77) 前 : ① 遠 ② 集 ③ 窓 ④ 後

(78) 戰 : ① 和 ② 下 ③ 郡 ④ 新

[문 79~81] 다음 (   )에 들어갈 漢字를 〈예〉에서 찾아 번호를 쓰세요.

〈예〉 ① 長 ② 苦 ③ 親 ④ 明

(79) 同(   )同樂   (80) 父子有(   )

(81) 不老(   )生

[문 82~83] 다음 漢字와 뜻이 비슷한 漢字를 골라 그 번호를 쓰세요.

(82) 算 : ① 清 ② 孝 ③ 數 ④ 黃

(83) 午 : ① 活 ② 畫 ③ 男 ④ 色

[문 84~85] 다음에서 소리는 같으나 뜻이 다른 漢字를 골라 그 번호를 쓰세요.

(84) 球 : ① 油 ② 注 ③ 體 ④ 區

(85) 族 : ① 足 ② 花 ③ 果 ④ 對

[문 86~87] 다음 뜻을 가진 단어를 쓰세요.

〈예〉 쉬는 날 → 휴일

(86) 백성의 마음 → (   )

(87) 손으로 움직임 → (   )

[문 88~90] 다음 漢字의 ㉠ 획은 몇 번째 쓰는지 〈예〉에서 찾아 그 번호를 쓰세요. (화살표는 ㉠ 획의 위치와 더불어 획을 쓰는 방향을 나타냅니다.)

〈예〉 ⑥ 여섯 번째 ⑦ 일곱 번째
     ⑧ 여덟 번째 ⑨ 아홉 번째
     ⑩ 열 번째   ⑪ 열한 번째
     ⑫ 열두 번째 ⑬ 열세 번째

(88) 旗㉠   (89) 綠㉠

(90) 番㉠

39회 6급 정답

(1) 두각	(27) 근자	(53) 길 영	(79) ② 苦
(2) 감복	(28) 미음	(54) 들을 문	(80) ③ 親
(3) 개방	(29) 문장	(55) 자리 석	(81) ① 長
(4) 차(찻)간	(30) 등제	(56) 家口	(82) ③ 數
(5) 외계	(31) 재야	(57) 萬物	(83) ② 晝
(6) 고대	(32) 등급	(58) 百姓	(84) ④ 區
(7) 양기	(33) 발표	(59) 入門	(85) ① 足
(8) 온실	(34) 스스로 자	(60) 來月	(86) 민심/民心
(9) 직선	(35) 특별할 특	(61) 敎育	(87) 수동/手動
(10) 공백	(36) 여름 하	(62) 立冬	(88) ⑦ 일곱 번째
(11) 정원	(37) 불 화	(63) 洞里	(89) ⑨ 아홉 번째
(12) 운신	(38) 길 로	(64) 方面	(90) ⑪ 열한 번째
(13) 속성	(39) 봄 춘	(65) 山村	
(14) 풍습	(40) 지아비 부	(66) 命中	
(15) 작금	(41) 반 반	(67) 秋夕	
(16) 과목	(42) 살 주	(68) 海軍	
(17) 화술	(43) 때 시	(69) 便安	
(18) 야광	(44) 높을 고	(70) 校歌	
(19) 교통	(45) 날 출	(71) 日記	
(20) 양은	(46) 눈 설	(72) 平年	
(21) 서당	(47) 무거울 중	(73) 植木	
(22) 근본	(48) 땅 지	(74) 市內	
(23) 용례	(49) 오를(오른) 우	(75) 場所	
(24) 명의	(50) 향할 향	(76) ① 弱	
(25) 승리	(51) 풀 초	(77) ④ 後	
(26) 의도	(52) 나눌 분	(78) ① 和	

第40回 漢字能力檢定試驗 6級 II 問題

(社)韓國語文會 · 韓國漢字能力檢定會

[문 1~32] 다음 漢字語의 讀音을 쓰세요.

> **〈예〉** 漢字 → 한자

(1) 歌手　　(2) 天下　　(3) 幸運

(4) 家族　　(5) 使用　　(6) 勝利

(7) 場所　　(8) 表面　　(9) 直線

(10) 美術　　(11) 始作　　(12) 金色

(13) 西風　　(14) 出發　　(15) 祖上

(16) 主人　　(17) 活氣　　(18) 通路

(19) 感動　　(20) 空間　　(21) 溫度

(22) 算數　　(23) 世界　　(24) 反省

(25) 平野　　(26) 海洋　　(27) 體育

(28) 急行　　(29) 根本　　(30) 衣服

(31) 農土　　(32) 安心

[문 33~61] 다음 漢字의 訓(훈;뜻)과 音(음;소리)을 쓰세요.

> **〈예〉** 字 → 글자 자

(33) 角　　(34) 自　　(35) 園

(36) 速　　(37) 命　　(38) 開

(39) 昨　　(40) 然　　(41) 重

(42) 戰　　(43) 石　　(44) 京

(45) 方　　(46) 別　　(47) 時

(48) 信　　(49) 意　　(50) 親

(51) 飮　　(52) 淸　　(53) 住

(54) 火　　(55) 黃　　(56) 休

(57) 習　　(58) 川　　(59) 明

(60) 在　　(61) 成

[문 62~63] 뜻이 서로 반대(상대)되는 漢字 끼리 연결되지 않은 것을 고르세요.

(62) ① 古 ↔ 新　② 集 ↔ 合
　　　③ 內 ↔ 外　④ 晝 ↔ 夜

(63) ① 遠 ↔ 近　② 朝 ↔ 夕
　　　③ 形 ↔ 式　④ 强 ↔ 弱

[문 64~65] 다음 (　　) 안의 글자에 해당 하는 漢字를 〈예〉에서 찾아 그 번호를 쓰 세요.

> **〈예〉** ① 圖 ② 道 ③ 目 ④ 木

(64) 地(도)

(65) 植(목)

[문 66~67] 다음 漢字語의 알맞은 뜻을 쓰세요.

(66) 代讀

(67) 同姓

[문 68~77] 다음 밑줄 친 漢字語를 漢字로 쓰세요.

(68) 교실에서는 뛰어 다니지 않아야 한다.

(69) 우리 학교는 개교한 지 육십년이나 되었다.

(70) 삼일 동안 밥을 먹지 않고 죽만 먹었다.

(71) 옆 집 형제는 들이서 싸우지 않고 참 잘 논다.

(72) 동대문의 다른 이름은 흥인지문이다.

(73) 서울의 중앙에는 남산이 있다.

(74) 구월에는 2학기가 시작된다.

(75) 우리 집안은 사촌끼리도 자주 만난다.

(76) 부모님께서는 늘 사랑으로 우리를 돌봐 주신다.

(77) 길에서 우연히 선생님을 뵈었는데 반가워 하셨다.

[문 78~80] 다음 漢字의 ㉠ 획은 몇 번째 쓰는지 〈예〉에서 찾아 그 번호를 쓰세요. (화살표는 ㉠ 획의 위치와 더불어 획을 쓰는 방향을 나타냅니다.)

〈예〉
① 첫 번째 ② 두 번째 ③ 세 번째
④ 네 번째 ⑤ 다섯 번째 ⑥ 여섯 번째
⑦ 일곱 번째 ⑧ 여덟 번째
⑨ 아홉 번째

(78) 席

(79) 正

(80) 交

40회 6급 Ⅱ 정답

(1) 가수	(27) 체육	(53) 살 주	(79) ④ 네 번째
(2) 천하	(28) 급행	(54) 불 화	(80) ⑥ 여섯 번째
(3) 행운	(29) 근본	(55) 누를 황	
(4) 가족	(30) 의복	(56) 쉴 휴	
(5) 사용	(31) 농토	(57) 익힐 습	
(6) 승리	(32) 안심	(58) 내 천	
(7) 장소	(33) 뿔 각	(59) 밝을 명	
(8) 표면	(34) 스스로 자	(60) 있을 재	
(9) 직선	(35) 동산 원	(61) 이룰 성	
(10) 미술	(36) 빠를 속	(62) ② 集 ↔ 合	
(11) 시작	(37) 목숨 명	(63) ③ 形 ↔ 式	
(12) 금색	(38) 열 개	(64) ① 圖	
(13) 서풍	(39) 어제 작	(65) ④ 木	
(14) 출발	(40) 그럴 연	(66) 대신 읽음	
(15) 조상	(41) 무거울 중	(67) 같은 성	
(16) 주인	(42) 싸움 전	(68) 敎室	
(17) 활기	(43) 돌 석	(69) 六十年	
(18) 통로	(44) 서울 경	(70) 三日	
(19) 감동	(45) 모 방	(71) 兄弟	
(20) 공간	(46) 다를/나눌 별	(72) 東大門	
(21) 온도	(47) 때 시	(73) 南山	
(22) 산수	(48) 믿을 신	(74) 九月	
(23) 세계	(49) 뜻 의	(75) 四寸	
(24) 반성	(50) 친할 친	(76) 父母	
(25) 평야	(51) 마실 음	(77) 先生	
(26) 해양	(52) 맑을 청	(78) ④ 네 번째	

第40回 漢字能力檢定試驗 6級 問題

(社)韓國語文會 · 韓國漢字能力檢定會

[문 1~33] 다음 漢字語의 讀音을 쓰세요.

> 〈예〉 漢字 → 한자

(1) 空間	(2) 親族	(3) 圖書
(4) 遠近	(5) 新聞	(6) 正答
(7) 成功	(8) 草綠	(9) 速度
(10) 班別	(11) 特使	(12) 運命
(13) 戰線	(14) 術數	(15) 反美
(16) 公開	(17) 始作	(18) 各自
(19) 失禮	(20) 市場	(21) 發現
(22) 晝夜	(23) 感動	(24) 電話
(25) 海洋	(26) 集計	(27) 西部
(28) 病弱	(29) 植樹	(30) 急死
(31) 信號	(32) 消火	(33) 神通

[문 34~56] 다음 漢字의 訓과 音을 쓰세요.

> 〈예〉 字 → 글자 자

(34) 幸	(35) 席	(36) 番
(37) 窓	(38) 園	(39) 溫
(40) 形	(41) 勝	(42) 愛
(43) 油	(44) 庭	(45) 風

(46) 重	(47) 黃	(48) 向
(49) 算	(50) 醫	(51) 業
(52) 飮	(53) 路	(54) 待
(55) 米	(56) 代	

[문 57~76] 다음 밑줄 친 漢字語를 漢字로 쓰세요.

> 〈예〉 한국 → 韓國

(57) 선생님은 철수의 효심에 감동하였다.

(58) 새로운 사물을 보고 놀랄 뿐이다.

(59) 매년 물가가 오른다.

(60) 아버지께서 외출을 하신다.

(61) 오후에는 야구장에 갔다.

(62) 실내 공기가 너무 덥다.

(63) 사방으로 길이 나 있다.

(64) 수학 공부를 재미있어 한다.

(65) 미국은 천연 자원이 풍부한 나라다.

(66) 오색이 찬란하게 빛났다.

(67) 만민의 존경을 받는 임금이 되었다.

(68) 선생님께 예절 교육을 받았다.

(69) 식구가 많아서 집이 좁게 느껴진다.

(70) <u>청춘</u>은 아름답다.

(71) 늙어서 <u>편안</u>하게 살다가 죽었다.

(72) 세상에는 <u>착</u>한 사람이 더 많다.

(73) <u>강산</u>이 아름답다.

(74) 평평한 표면을 <u>평면</u>이라고 한다.

(75) 학교를 짓기에는 <u>토지</u>가 부족했다.

(76) 집안을 <u>생화</u>로 아름답게 꾸몄다.

[문 77~78] 다음 漢字語의 反對字 또는 相對字(상대자)를 골라 그 번호를 쓰세요.

(77) 童：① 小 ② 老 ③ 勇 ④ 人

(78) 分：① 合 ② 有 ③ 者 ④ 中

[문 79~80] 다음 (   )에 들어갈 漢字를 〈예〉에서 찾아 그 번호를 쓰세요.

〈예〉 ① 村 ② 姓 ③ 習 ④ 用

(79) 同(   )同本

(80) 先行學(   )

[문 81~82] 다음 漢字와 뜻이 비슷한 漢字를 골라 그 번호를 쓰세요.

(81) 身：① 主 ② 體 ③ 祖 ④ 孫

(82) 服：① 住 ② 寸 ③ 省 ④ 衣

[문 83~85] 다음에서 소리는 같으나 뜻이 다른 漢字를 골라 그 번호를 쓰세요.

(83) 和：① 下 ② 畫 ③ 兄 ④ 休

(84) 利：① 立 ② 林 ③ 來 ④ 理

(85) 果：① 交 ② 氣 ③ 科 ④ 區

[문 86~87] 다음 뜻을 가진 단어를 쓰세요.

〈예〉 쉬는 날 → 휴일

(86) 아침과 저녁 → (   )

(87) 많음과 적음. → (   )

[문 88~90] 다음 漢字의 ㉠ 획은 몇 번째 쓰는지 〈예〉에서 찾아 그 번호를 쓰세요. (화살표는 ㉠ 획의 위치와 더불어 획을 쓰는 방향을 나타냅니다.)

〈예〉
① 첫 번째 ② 두 번째 ③ 세 번째
④ 네 번째 ⑤ 다섯 번째 ⑥ 여섯 번째
⑦ 일곱 번째 ⑧ 여덟 번째
⑨ 아홉 번째 ⑩ 열 번째 ⑪ 열한 번째
⑫ 열두 번째

(88) 郡

(89) 遠

(90) 朝

40회 6급 정답

(1) 공간	(27) 서부	(53) 길 로	(79) ② 姓
(2) 친족	(28) 병약	(54) 기다릴 대	(80) ③ 習
(3) 도서	(29) 식수	(55) 쌀 미	(81) ② 體
(4) 원근	(30) 급사	(56) 대신할 대	(82) ④ 衣
(5) 신문	(31) 신호	(57) 孝心	(83) ② 畫
(6) 정답	(32) 소화	(58) 事物	(84) ④ 理
(7) 성공	(33) 신통	(59) 每年	(85) ③ 科
(8) 초록	(34) 다행 행	(60) 外出	(86) 조석/朝夕
(9) 속도	(35) 자리 석	(61) 午後	(87) 다소/多少
(10) 반별	(36) 차례 번	(62) 室內	(88) ④ 네 번째
(11) 특사	(37) 창 창	(63) 四方	(89) ⑦ 일곱 번째
(12) 운명	(38) 동산 원	(64) 工夫	(90) ⑩ 열 번째
(13) 전선	(39) 따뜻할 온	(65) 天然	
(14) 술수	(40) 모양 형	(66) 五色	
(15) 반미	(41) 이길 승	(67) 萬民	
(16) 공개	(42) 사랑 애	(68) 教育	
(17) 시작	(43) 기름 유	(69) 食口	
(18) 각자	(44) 뜰 정	(70) 靑春	
(19) 실례	(45) 바람 풍	(71) 便安	
(20) 시장	(46) 무거울 중	(72) 世上	
(21) 발현	(47) 누를 황	(73) 江山	
(22) 주야	(48) 향할 향	(74) 平面	
(23) 감동	(49) 셈 산	(75) 土地	
(24) 전화	(50) 의원 의	(76) 生花	
(25) 해양	(51) 업 업	(77) ② 老	
(26) 집계	(52) 마실 음	(78) ① 合	

【저자 약력】

* 손 주 남

- 62년 강릉사범학교 졸업
- 한국 최초 연상 기억법 창안 저자
- 방송출연 – KBS, MBC, SBS, 일본 NTV, TBS, 대만 국영방송
  국내 연상기억법 기록 및 대상 10회 이상
- 현 한국두뇌개발원 원장
- 현 (사단법인) 한자 검정 평가원 교육원장

한자능력검정 시험기준에 맞춘

한자능력검정시험 종합테스트 6급(6급 II)

정가 : 10,000원

지은이 : 손주남

펴낸이 : 이 종 춘

펴낸곳 : BM 성안당

주 소 : 경기도 파주시 교하읍 문발리
　　　　출판문화정보산업단지 536-3

전 화 : (031)955-0511

팩 스 : (031)955-0510

등 록 : 1973.2.1 제13-12호

© 2002~2009 손주남　　　ISBN 978-89-315-7318-3

독자 상담 서비스 : 080-544-0511　　　홈페이지 : **www.cyber.co.kr**